이 땅에
생명의 빛을

교음사

| 책머리에 |

하나님이 '아름다운 세계'를 창조하셨다. 하나님이 우리를 선택하여 세우신 것은 하나님의 능력을 우리에게 보이시고 하나님의 이름이 온 천하에 전파되게 하려 하였음이라고 하였다. 그러므로 우리들은 때를 얻든지 못 얻든지 하나님의 이름을 온 천하에 전파하여야 하며 하나님께 그 은혜와 사랑을 감사하는 찬양을 하여야 한다. 우리가 하나님을 선택한 것이 아니라 하나님이 우리들을 선택하여서 하나님의 자녀로 삼아 주셨다고 하였으니 그 크신 은혜와 사랑을 받고 살아가는 우리들은 항상 감사하는 마음과 기쁨으로 하나님을 섬기며 하나님께 감사하는 찬양을 하여야 한다. 이 백성은 내가 나를 위하여 지었나니 나를 찬송하게 하려 함이라고 하였고(사 43:21), 온 땅이여 여호와께 즐거운 찬송을 부를 지어다 너희 모든 백성들아 하나님을 찬양하며 그의 능하신 행동을 찬양하고 그의 지극히 위대하심을 따라 찬양하며, 호흡이 있는 자마다 하나님을 찬양하라고 하였다.

그리고 치유기도는 방언은사를 받은 성도에게만 주시는 은사인 것으로 알고 있었는데 영성상담사 교육 때에 배운 '치유기도에 도움 되는 말씀'(36개)을 매일 암송한 이후에는 치유기도를 하게 되었다. 그래서 『성경암송 및 치유은사』 책자를 발간하게 되었고 필자가 오늘까지 살아오면서 여러 나라를 다니면서 해외 선교 및 국내외 연주한 기행문과 활동 내용을 모아서 금번에 책자를 펴내게 되었다. 그런데 이스라엘 성지 순례와 터키, 그리스, 프랑스, 로마, 하와이, 중국의 명승지 등은 관광은 하였으나 기행문을 쓰지 않았던 것이 아쉽게 생각된다.

  지금까지 하나님의 은혜와 사랑으로 이 부족한 종을 지켜주시고 도와주시고 인도하여 주신 하나님께 감사를 드리며, 10년 전에 발간한 『성경암송 및 치유은사』와 『하나님이 기뻐하시는 삶』은 교보문고에서 지금까지 계속해서 판매되고 있고 금번에 『이 땅에 생명의 빛을』 책자를 발간할 수 있도록 인도하여 주신 하나님께 감사와 찬양과 영광을 올려드린다.

2024년 2월   영암(永岩) 류춘영

|류춘영| 선교여행기

차 례
책머리에

1. 해외편

일본 나가사키 순교지 … 14
일본(동경, 요코하마)에 단기선교 … 22
일본(오사카, 고베, 교토) 단기선교 … 27
중국에 의료봉사 및 선교 … 31
필리핀 빈곤 선교지 … 35
러시아 블라디보스토크 … 39
중국(심양, 연길, 단동) 해외 연주 … 43
호주, 뉴질랜드 해외 연주 … 48
인도에 해외 연주 … 55
미주지역 해외 연주 … 60
동유럽(독일, 체코, 오스트리아, 헝가리) 해외 연주 … 69
러시아 및 북유럽 3국 해외 연주 … 79
베트남, 캄보디아 선교 찬양 … 86

2. 국내편

현충사 … 94

포항, 울릉도, 독도 … 99

김좌진 장군과 윤봉길 의사 … 103

명성황후 생가 유적지 … 108

춘천 삼악산 … 112

경기도자박물관 … 116

여수 애양원 … 120

소록도 … 124

안동교회와 하회마을 … 128

백령도 … 132

백마고지 … 136

극동방송 전국대합창제 … 139

백선엽 장군 추모 음악회 … 143

빌리 그래함 전도대회 50주년 기념대회 … 147
다시 일어서는 대한민국 음악제 … 151
화개장터와 진주성 … 155
화천 광덕산 조경철 천문대 … 160
김유정 문학촌 … 164
오색약수터와 오죽헌 … 168
한국기독교 역사박물관 … 172
을지전망대와 제4땅굴 … 176
한국기독교순교자기념관 … 181
곤지암 화담숲 … 186
감악산 출렁다리 … 190
한국근대문학관 … 194
예비사관 후보생 격려 음악회 … 198
메시아 연주회 … 202

1

해외편

일본 나가사키 순교지

　일본이 선교가 잘되지 않는 이유는 지금까지 대부분의 사람들이 가정마다 온갖 잡신을 섬기는 가정 제단이 있어서 그러한 것으로 알고 있었으나 금번 순교지 방문을 통하여 현재 북한과 같이 기독교에 대한 박해가 심하였던 것을 새롭게 알게 되었다.
　일본에 기독교 복음이 전해진 것은 우리나라보다 250년이나 앞서고 의외로 많은 순교자가 있었다. "기독교 선교사는 사교를 퍼뜨리는 위험한 존재다"라는 일본인들의 오랜 멸시와 편견 속에서 10년을 버티던 어느 선교사는 차라리 인도에 가서 선교하는 것이 낫겠다며 일본을 떠나갔다고 한다. 그리고 일본에서는 성경이 소설로 분류될 정도로 기독교는 크게 외면받고 있다고

한다. 그러므로 일본은 과거 400년간 기독교 박해 역사 때문에 사회적으로 반기독교 정서가 널리 퍼져 있어 현재 기독교인의 수는 전체 인구(1억2,700만 명)의 0.44%에 불과하다. 그리고 교인 중에는 젊은 사람은 없고 노인층만 있으며, 교인 50명이 모이면 큰 교회라고 하였고 주일날 한 번만 예배를 드린다고 하였다. 금번에 초교파적으로 일본에 단기선교에 참가한 인원은 31명으로 서울희망교회(김용국 목사)가 주관하고 일본 나가사키 순교자 기념교회(현승건 선교사) 초청으로 이루어졌다.

2010년 8월 11일 오전 9시 30분 인천공항을 출발하여 일본 후쿠오카 공항에 10시 50분에 도착하였다. 거기서 2시간 달려서

　나가사키시 카와타나에 소재한 순교자 기념교회에 도착하였다. 교회는 개인이 교회에 기증한 건물을 개조하여 사용하고 있었는데 밖에는 십자가가 없고 건물 안에만 있었다. 또한 가까운 곳에 있는 카와타나 크리스천 문화센터(주민들이 사용하던 물품 창고를 기증받아 개조)도 같이 사용하고 있었다. 여자는 교회에, 남자는 문화센터에 숙소를 배정하였다.

　8월 12일 오전에는 오오무라 순교지를 향해 갔다. 첫 번째로 간 곳은 처자 이별의 바위가 있고 호코바루 처형장(기독교인 131명)에 도착하였다. 이곳에서는 순교자 전원을 네 줄로 무릎을 꿇게 한 후 긴 칼로 4명이 목을 쳤다고 하는데 그 당시 울음소리는 들리지 않고 "팍" 하는 소리와 목에서 피가 솟아오르는 "쉬이" 하는 소리만 들렸다고 한다. 목을 자른 후 그 머리는 소금에 절여서 20일간이나 길거리에 전시해 두었다가 부활이 염려되어 몸통이 묻힌 곳에서 600m 떨어진 곳에 머리만 묻은 무덤이 있었다. 오후에는 스즈라 감옥으로 찾아갔다. 오오무라 영토 안에서만 6만명이나 되는 선교사들과 교회의 지도자들은 모두 처형되었는데 그 당시 선교사를 숨겨 주는 것만으로도 처형당할 만한 중죄가 되었다고 한다. 이들 기독교인들을 좁은 공간인 감옥에 가두어두고 외부와 접촉을 못하도록 하여 일평생 감옥 안에서만 생활하다가 죽어갔다고 한다.

그다음으로 찾아간 곳은 기독교 신앙을 굳게 지키겠다고 하는 자는 한쪽 귀를 자르는 곳이었다. 이와 같이 귀를 자른 자들은 도망을 가도 즉시 붙잡히게 되므로 도망도 못 가도록 해서 산중턱에 있는 운젠 지옥천(섭씨 100도가 넘는 뜨거운 유황물이 끓어 오르는 웅덩이)까지 3, 4시간 동안 이들을 끌어가서 그 웅덩이에 집어넣었다가 끌어내었다가 하면서 고문도 하고 살이 익어서 죽도록 하였다고 하는 곳에는 현재도 연기가 계속해서 솟아나고 뜨거운 유황물이 계속 솟아오르고 있었으며, 큰 십자가 하나만 세워져 있었다. 그곳에서 가까운 장소에 소규모 유황온천장이 있어 온천을 하고 숙소로 돌아왔다.

8월 13일 오전에는 2시간 이상 달려서 구마모토성 정탐 사역을 하였다. 그곳에는 역대 성주의 이름들과 옛날 일본인들이 사용하던 소장품들이 진열되어있었다. 뒤뜰에서 우리 일행은 일본어 복음성가와 율동을 하고 전도지(책갈피와 일본 여자의 간증문)도

주면서 노방전도도 하였다. 오후에는 2시간 동안 이동하여 아소산 정탐사역을 하였다. 비가 오고 구름이 많이 끼어 전망도 좋지 않아 정상까지는 못 가고 케이블카 타는 곳까지만 올라갔다.

저녁 시간에는 교회에서 성화 밟기 체험을 하였다. 그곳에는 나무상자 감옥(가로, 세로, 높이 56센티) 두 개가 있고 모든 대원들을 두 줄로 앉게 하고 한 사람씩 불러내어 성화 밟는 체험을 실시하였다. 성화를 밟지 않으면 그 나무상자 감옥에 들어가서 3분간 있도록 하였다.

8월 14일 오전에는 나가사키 원폭 현장을 찾아갔다. 일본에 처음 원자폭탄을 투하한 곳은 군수공장이 있는 히로시마였고 둘째 목표지는 해군 기지가 있는 규슈였으나 구름과 안개가 많아 아래가 잘 보이지 않아 나가사키에 투하되었다고 한다. 원폭 현장은 현재 평화공원으로 되어있고 여러 가지 조형물들이 세워져 있었고 원폭 당시 모든 건물은 무너졌으나 유일하게 남아 있었던 성당의 한쪽 기둥벽 부분을 옮겨 세워져 있었다.

원폭자료실은 지하 2층으로 되어 있었다. 이곳에 투하된 핵분열형 원자폭탄은 길이가 3.25m, 직경 1.5m, 무게 4.5톤으로 고성능 폭약 21킬로톤의 에너지가 방출된다. 약 50%의 폭풍, 35%의 열선, 15%의 방사선으로 오랜 기간 인체에 장애를 준다. 1945년 8월 9일 11시에 투하되어 사망자 73,884명, 부상자 74,909명이 발생되었다. 그곳에서 이동하여 26인 순교자 비가 있는 언덕으로 찾아갔다. 순교자들이 그곳에 도착하자 26개의 십자가를 보고 달려가 자신의 십자가를 감싸 안으며 기쁨의 눈물을 흘렸다고 한다.

그들 중에는 어린이도 3명 있었는데 모두 선교사와 수도사들이었다. 그들을 처형할 때에는 발판이 있는 십자가에 밧줄로 손과 다리를 묶어 놓고 창을 가진 네 사람이 두 사람씩 짝이 되어 양쪽에서 창으로 허리부터 어깨까지 관통하도록 찔러서 죽였다고 한다.

그리고 처형한 후에는 아무도 출입을 못하게 해서 80일간 방치하여 두었더니 남아 있는 것은 머리 하나와 손목 하나밖에 없었다고 하였다. 지하 건물에 전시관이 있었다.

저녁 시간에는 카와타나 여름 축제 행사장에 찾아갔다. 낮 시간에는 거리에서 사람을 찾아볼 수가 없었는데 그곳에는 사방에서 사람들이 많이 모여들었다. 그곳에서 전도지도 주면서 노방전도도 하고 행사장 입구 쪽에서 일본어 복음성가와 율동도 하였더니 같이 참여하여 율동을 하는 자들도 있었다.

축제 행사는 북을 치며 주민들이 춤을 추면서 빙빙 돌아가는 모양을 하다가 그치고 무대에 설치한 큰 북과 작은 북을 치는 것이었다. 1시간 정도 진행된 행사가 끝나고 이어서 30분 정도 불꽃놀이(1,500발)를 하였다. 이러한 축제 행사 때에 지역 전도 활동하는 것이 효과적이라고 생각되었다.

8월 15일 11시 50분 후쿠오카를 출발하여 인천공항에 오후 1시 10분경에 도착하였다.

금번 일본 순교지 방문과 단기선교를 통하여 일본 복음화가 지연되는 이유를 조금이나마 알게 되었다. 일본에서는 400년 동안이나 국가적으로 기독교인들과 선교사들에게 온갖 박해를 가하면서 기독교인들을 색출하기 위해서 5인조 연좌제와 포상 제도를 통하여 수십만 명을 투옥시키고 처형하므로 오랜 기간 멸시와 박해 속에서 기독교는 크게 외면당하여 왔다.

그래서 사회 분위기가 반기독교적인 사상으로 풍토가 조성되어 있어 기독교를 받아들인다는 것에 너무나 큰 부담을 느끼고 있으며, 취직도 잘되지 않아 사회생활을 할 수가 없게 되어 있다. 그리고 겉으로 드러나듯 질서를 잘 지키고 친절하며 검소하고 상냥한 일본 사람들의 내면에는 가족과 친구 심지어는 부부 사이에도 서로 마음을 열지 못하고 벽을 쌓고 살아가는 고독과 외로움이 있다고 한다.

그러면서도 혹독한 박해 가운데서 끝까지 신앙을 지키려 했던 순교자들을 바라보면서 아직은 미약한 것처럼 보이지만 그들의 순교의 피와 순교의 정신이 결코 헛되지 않으며, 반드시 일본의 기독교 부흥으로 열매 맺힐 것을 기대한다.

일본(동경, 요코하마)에 단기선교

일본에 기독교 복음이 전해진 것은 우리나라보다 250년이나 앞서고 의외로 많은 순교자가 있었다는 것을 2년 전 일본 나가사키 선교지를 방문하면서 알게 되었다. 그런데 일본은 과거 400년간 기독교 박해 역사 때문에 사회적으로 반기독교 정서가 널리 퍼져 있어 현재 기독교인의 수는 전체인구(1억 2,700만 명)의 0.44%에 불과하다.

금번에 초교파적으로 일본에 단기선교에 참가한 인원은 25명(목사 : 4명, 전도사 : 1명, 장로 : 2명, 권사 : 2명, 집사 : 6명, 청년 : 8명, 기타 : 2명)으로 서울희망교회(서울 서대문구 냉천동 소재, 담임 : 김용국 목사)가 주관하고 일본 동경에 있는 신동경침례교회 김동원 목사의 초청으로 이루어졌다.

　서울희망교회는 예비선교사 어학 훈련을 위해 매주 토요일 오후 3시에 일본어 예배를 1시간 드린 후 일본어 초급, 중급, 고급반 어학 훈련 및 6시에는 중국어 예배와 어학 훈련 공부를 실시하고 있다. 단기선교를 위해 6개월 전부터 준비하고 2개월 전부터는 매주 2차례씩 모여 기도회와 일본어 복음성가 및 율동도 준비하였다.

　2012년 8월 15일 오전 9시 인천공항을 출발하여 일본 나리타 공항에 11시 30분에 도착하였다. 공항에서 전철로 2시간 달려서 신오오구보역 인근에 소재한 신동경침례교회에 도착하였다. 교회는 약 200여 평 대지에 지하 1층, 지상 3층의 단독 교회 건물로 26년 전에 개척하였다고 하였다. 지하 1층은 식당, 1층은 교회 사무실 및 어린이실, 2층은 예배실, 3층은 사택으로 사용하고 있었다. 여자는 지하 1층에, 남자는 3층에 숙소를 배정한 후 도착 감사예배와 향후 일정에 대한 오리엔테이션을 가졌다.

　일본에 도착과 동시에 모두 앞면에는 영어로, 뒷면에는 일본어로 "예수님은 당신을 사랑합니다"란 글씨가 인쇄된 약간 붉은 티셔츠로 갈아입고 전철을 타고 하라주쿠역 인근에 있는 요요기 공원 광장에서 2시간 동안 선교사역(일어로 복음성가를, 기타와 색소폰을 불면서 율동, 전도지, 책갈피, 알사탕 나눠주기 등) 활동을 하였다(한 장소에서 300매~400매, 합계 2,000매). 저녁 시간에는 일본선교세미나와 전체 오리엔테이션 및 선교비전 나누는 시간을 가졌다.

매일 아침은 6시 기상하여 7시 새벽기도회 및 조별 큐티시간을 가졌다.

8월 16일 대절한 버스를 타고 요코하마로 이동하였다. 140년 된 개신교 기념교회인 일본인 교회(횡빈 해안교회, 우에야마 목사)를 방문하였다. 교인은 약 100명이 된다고 하였다. 그 교회의 종탑까지 올라갔는데 종의 크기는 직경 1m나 되며, 종탑 넓이는 7~8명이 서 있을 수 있었다. 러·일 전쟁 당시 그 종을 국가에 헌납하라고 강요당했지만 매를 맞으면서도 헌납하지 않았다고 하였으며, 지금도 오전 6시에 그 종을 치고 있다고 하였다. 거기서 이동하여 횡빈 개항 자료전시관에 들러서 관람한 후 차이나타운에서 시내 선교사역을 1시간 정도 한 후 해안가 숲 광장으로 이동하여 거기서 약 2시간 선교사역을 하였다. 저녁 시간에는 일본 선교의 나눔의 시간을 가졌다.

8월 17일에는 아침 식사 후 1시간 정도 김동원 목사의 특강(마귀는 틈을 타고 들어온다)과 예배를 드린 후 전철로 우에노역으로 이동하여 인근에 있는 우에노공원에서 2시간 선교사역을 하였다. 오후에는 전철로 아카츠카역으로 이동하여 아카츠카 일본인 교회(신사꾸 목사)를 방문하였다. 대지 약 300평에 1층은 소예배실, 식당과 2층은 예배실(연건평 600평 정도)이며 교인은 약 500명이 된다고 하였다.

8월 18일 오전에는 동경에서 가장 번잡한 거리인 신주쿠역으로 이동하여 신주쿠역 광장에서 2시간 정도 선교사역을 하였다. 그리고 오후에는 도보로 이동하여 한인교회인 순복음교회(정대원 목사, 교인 약 1,000여 명, 1층 주차장, 2층 소예배실, 사무실 등, 3층 사무실, 목회자실 4~5층 예배실)를 방문하였다. 그리고 도보로 이동하여 신주쿠 도청 옆 타워(높이 45층 202m, 승강기 탑승 인원 28명, 맨 위층 넓이가 200여 평)를 관람하였다. 요금은 무료이고 소지품은 모두 조사를 하였다. 거기서 도보로 이동하여 시내 공연장에서 선교사역을 2시간 정도 하였다.

8월 19일에는 오전 11시에 주일예배를 숙소인 교회에서 드렸으며, 점심식사를 지하 식당에서 본 교회 교인들과 같이 나누는 시간을 가졌다. 오후에는 2시간 정도 일본선교의 나눔의 시간과 헌신의 시간을 가졌다. 전철로 나리타 공항으로 이동하여 오후 7시 출발하여 인천공항에 9시 30분에 도착하였다.

4박 5일간의 단기선교를 통하여 느낀 점은 일본인은 겉으로는 상냥한 것 같이 보였는데 속마음은 잘 드러내지 않는 것 같았으며, 신호등과 줄서기 등은 철저히 잘 지키는 점은 우리가 본받아야 한다고 생각되었다. 그런데 물가가 너무 비싸서 한국인이 일본에서 사역하기가 경제적으로 너무 어렵다고 하였으며, 전도지도 노인층은 잘 받지 않았고 젊은 층에서 받았는데 영적으로 너무 황무지 같은 느낌이 들었다.

그리고 현재 일본은 시골에는 교회가 없고 도회지에만 있다고 하였으며, 예배를 1주일에 1번(주일날)만 드리므로 영적 성장이 잘되지 않는다고 하였고 현재 교인들 중에도 노인층만 있고 젊은 층은 없다고 하였다.

일본(오사카, 고베, 교토) 단기선교

일본에 기독교 복음이 전해진 것은 우리나라보다 250년이나 앞서고 의외로 많은 순교자가 있었다. 그런데 일본은 과거 400년간 기독교 박해 역사와 전국에 절(8만)과 신사(8만) 및 개인신 등의 문화가 사회에 널리 퍼져 있어 현재 기독교인 수는 52만 명으로 전체인구(1억 2,700만 명)의 0.44%에 불가하다. 금번에 초교파적으로 일본에 단기선교에 참가한 인원은 26명(목사: 5명, 장로: 2명, 전도사: 2명, 권사: 3명, 집사: 6명, 청년: 6명, 기타: 2명)으로 서울 희망교회(서울 서대문구 냉천동) 김용국 목사가 주관하고 일본 오사카 선교하는 교회 양동훈 선교사의 초청으로 이루어졌다.

서울 희망교회는 예비 선교사 어학 훈련을 위해 매주 토요일 오후 3시에 일본어 예배와 어학 훈련, 오후 6시에는 중국어 예배 및 어학 훈련을 하고 주일날은 오전 9시에 영어 예배 및 어학 훈련을 하고 있으며, 매년 1회 일본에 단기선교 활동을 한다.

2013년 8월 14일 오전 10시 인천공항을 출발하여 11시 40분에 일본 간사이 공항에 도착하여 전용 버스로 오사카 선교하는 교회로 이동하였다. 교회 건물은 1층은 식당(120평), 2층(120평)은 예배실, 3층은 사택으로 사용하고 있다. 우리 일행은 2층 예배실에서 의자를 치우고 칸막이를 설치하여 침실로 사용하였다.

오후에는 전용 버스로 일본 나라시 중앙에 위치한 나라공원(와카쿠사야마)으로 갔는데 많은 사슴들이 풀밭에서 놀고 있었다. 그곳에서 나라 시내를 바라보면서 찬양 사역과 기도회를 가졌다. 저녁 시간에는 일본 선교세미나, 오리엔테이션 및 비전 나눔의 시간을 가졌다. 매일 아침에는 7시에 기상하여 3조로 나누어 Q.T 시간을 가졌으며, 아침 식사는 한국에서 가져간 주식과 부식으로 해결하였다.

8월 15일 오전에는 전용 버스로 교토 성복교회(류봉호 목사)를 방문하여 일본인 선교 특강을 2시간 들었다, 25년 전에 개척하여 온갖 어려움을 잘 극복하여 현재 교인 수는 120명이다. 매주 목요일 11시에는 노숙자들을 초청하여 예배드리고 점심 식사를 대접한다. 그곳에서 우리들은 찬양 5곡과 김용국 목사님이 일본어로 설교하였다.

오후에는 교토역 청사 맨 윗층(10층 높이, 120평)에서 교토 시내를 바라보면서 찬양 사역과 기도회를 가졌다. 그리고 오후 6시에는 교토 타워 앞 광장에서 찬양 사역과 동시 전도지 배포 사역을 1시간 30분 동안 하였다.

8월 16일 오전에는 전용 버스로 고베 한인 동부교회(배명덕 목사)를 방문하여 재일한인 선교사역 특강을 2시간 들었다. 15년 전에 개척하였는데 현재 교회 대지 160평에 연건평 260평이며, 교인 수는 150명이다. 오후에는 고베 롯코산 전망대에서 고베시를 바라보면서 찬양 사역과 기도회를 가졌다. 그리고 오후 6시에는 고베항에서 찬양 사역, 율동과 기도회를 2시간 정도 하였다.

8월 17일 오전에는 일본인교회(J-HOUSE, 이다가츠야 목사)에서 청년 사역특강을 들었다. 이 교회 목사님은 캐나다에서 예수님을 영접하였고 개척할 때에는 가족 3인으로 시작하였는데 현재 교인 수는 150명으로 대부분 청년들이며, 예배는 찬양으로 시작하여 기도, 설교, 헌금, 찬양으로 끝나는 열린예배 방식이다. 오후에는 오사카성(성 주위를 인공호수와 방어벽이 이중으로 되어있음)으로 갔다. 성안에는 넓은 광장과 도서관과 집무실이 있었는데 도서관은 공개하지 않고 집무실은 현재 역대 성주 이름들과 옛날 일본인들이 사용하였던 소장품들이 진열되어 있다. 그 성의 광장에서 찬양 사역을 시작하자 경비원이 찾아와서 중지 요청을 하여 중지하고 말았다. 그리고 오후 6시에는 오사카시에서 가장 복잡

한 거리인 남바거리 중간 연결통로 공간에서 찬양사역을 하는데 경찰들이 찾아와서 중지 요청하여 중지하였다. 저녁 11시 30분부터는 지금까지 일본에서 보고 느낀 소감과 앞으로 선교 비전을 발표하는 시간을 2시간 가졌다.

8월 18일 오전 10시에 오사카 일본인 교회(J-HOUSE)에서 주일예배를 드린 후 오후에는 오사카를 출발하여 일본 간사이 공항으로 이동, 오후 5시 간사이 공항을 출발하여 오후 6시 40분 인천공항에 도착하였다.

금번 단기 선교를 통하여 느낀 점은 일본에서는 오아시스(아침인사, 고맙습니다. 실례합니다, 미안합니다) 운동을 하였다고 하는데 우리나라도 오아시스 운동과 거리가 깨끗한 점, 신호등 지키기, 줄서기 질서 지키기 등은 본받아야 한다고 생각되었다. 그리고 일본인은 겉으로는 상냥한 것 같은데 속마음은 잘 드러내지 않는다고 한다.

그런데 일본에서는 물가가 너무 비싸고 건물 임대료가 비싸서 한국인이 일본에서 사역하기가 경제적으로 너무 어렵다고 하였으며, 현재 일본의 시골에는 교회가 없고 도시에도 교회 찾기가 힘들어 선교사역이 계속 요구되는 나라 중의 하나이다. "너희는 복음의 빚진 자라"(롬 1:14)는 말씀대로 일본만 아니라 온 천하에 다니면서 계속 선교활동을 해서 한 사람이라도 더 하나님의 자녀가 되도록 노력하여야 한다.

중국에 의료봉사 및 선교

　중국은 면적이 960만㎢, 인구가 14억 명의 나라로 중국인의 대부분을 차지하는 한족(94%) 외에 55개의 소수민족(1,500만명)으로 나뉜다. 중국은 외형적으로는 누구나 개인이 희망하는 신앙을 가질 수 있다는 식의 자유를 보장하는 것처럼 보이나 그 내부는 신앙의 자유를 제한하여 어떤 명목이나 이유, 방법을 불사하고 자기의 신앙을 다른 사람에게 전파하지 못하도록 통제하고 있다. 만일 외국인이 어떤 신앙을 전파하다가 공안(公安)기관에 적발되면 즉각적으로 강제 출국 조치가 된다.
　그럼에도 불구하고 현재 중국에는 한국에서 파송된 선교사와 평신도 사역자를 모두 합하면 약 3,000여 명이나 된다고 하며,

당국에 등록되어 통제를 받고 있는 삼자교회(자치, 자전, 자양)가 약 3,000여 교회가 있고 당국에 등록하지 않은 가정교회의 숫자는 알 수 없으나 현재 중국에는 교인 숫자가 약 1억 5,000여 명이나 된다고 한다.

금번(2008. 8. 18~8. 25)에 참가한 단기 선교팀(gfc:지구촌 가족공동체)은 출발 전 1개월간 금식기도와 중보기도를 하고 매 월요일 19시 30분~22시까지 교재를 가지고 준비 모임을 가졌다.

8월 20일 아침 9시에 의료봉사팀 15명(팀장: 1명, 양약의사: 1명, 한약의사: 1명, 간호사: 1명, 한약보조: 1명, 머리미용: 1명, 중보기도: 3명, 사진촬영: 1명, 접수, 안내: 4명, 회계: 1명)과 중국에 파송된 한국인 선교사 2명과 현지인 1명 등 모두 18명이 중형 버스를 이용하여 여관을 출발하여 4시간 동안 달려서 중국의 운남성 미전도 지역[교회와 교인이 없고 공안파출소가 없는 고산지역(해발 3,000m) 오지 마을]인 화꽁지족(60가구 약 240명)마을에서 의료 봉사 활동을 하였다.

8월 21일 홍이족마을(100가구 약 400명), 8월 22일에는 묘족마을(70가구 약 280명)과 묘족마을 신학교(학생: 30명)에 찾아가서 의료봉사활동(접수→혈압검사→양약의사 진찰 처방전→양약조제→한약의사 진찰→한약치료)과 대기시간에는 중보기도팀이 환자에게 "예수님이 당신을 사랑합니다." "예수님이 당신을 치료하십니다."라고 말하고 아픈 곳에 손을 얹어 치유기도를 하였다. 그리고 머리 미용팀은 별도로 다른 장소에서 머리를 깎아주는 미용 봉사활동을 하였다.

그들의 생활 형편은 의료시설이 없어 우리 일행이 의료 봉사할 때 매우 감사하게 생각하여 그 마을을 떠날 때마다 헤어지기가 매우 아쉬운 듯 계속해서 우리들이 보이지 않을 때까지 손을 흔들며 인사를 하였다. 우리들이 봉사활동을 한 마을에서는 여관이 없기도 하지만 혹시 휴대폰으로 외부지역 사람이 자기 마을에서 잠잔다고 신고하면 공안기관에서 찾아오기 때문에 봉사활동을 한 뒤에는 빨리 그 지역을 3시간 이상 이동하여 다른 지역에서 잠을 잤다.

8월 22일 흑이족마을을 향해 산길을 2시간 이상 가는 도중 2일 전에 비가 많이 와서 비포장도로가 진흙투성이가 되어 바퀴가 빠져서 도저히 들어갈 수가 없어 계획을 변경하여 묘족마을 신학교로 가기로 하였다.

묘족마을 신학교는 승용차가 올라갈 수 없는 높은 지역에 있어서 유일한 교통수단인 경운기를 타고 30분가량 산길을 올라간 곳에 세워져 있었으며, 한국 선교사들이 교대로 와서 강의를 한다고 하였으며, 1년 동안 신학공부를 하고 졸업하면 중국에 있는 묘족마을 가정교회에서 사역을 담당한다고 하였다.

현재 재학생 수는 30명이고 나이는 17~18세이었고 우리 일행이 도착할 때에는 교문에서 양쪽으로 두 줄을 서서 환영하는 찬양을 불렀으며, 의료 봉사활동 후에는 같이 찬양 발표도 하고 서로 손잡고 기도할 때에 눈시울이 뜨겁게 성령님이 역사하심을 느끼게 되었으며, 헤어질 때에는 "다시 만납시다(짜이찌엔)."를 계속 외치면서 인사를 하였다.

8월 23일 민족촌에 들렀는데 그곳에는 교회(약 200평)가 세워져 있었으며, 교회 내부 양쪽 옆벽과 뒷벽에는 천지창조로부터 예수님이 십자가에서 죽으시고 부활하신 모습까지를 벽화로 장식되어 있었다. 그리고 주일날에는 누구든지 와서 예배를 드릴 수 있다고 하였다.

8월 24일 주일날 오전에는 한국의 장로님이 경영하는 여관 커피숍에서 주일예배를 드렸다. 그리고 오후에는 관광지인 석림(石林)에서 돌기둥들이 숲을 이루고 있는 산들을 보면서 나머지 시간을 보냈다.

이번 중국 운남성 미전도 지역 단기 선교활동을 통하여 느낀 것은 중국에는 신앙이 자유롭지 못하고 전도를 못하도록 통제를 하고 있기 때문에 아직까지 전혀 복음이 전파되지 못한 곳이 너무나 많아서 복음을 먼저 받은 우리들이 이러한 미전도 지역에 가서 의료 봉사활동과 겸하여 전도활동도 계속해서 하여야 한다고 생각되었다.

필리핀 빈곤 선교지

금번에 아시아빈곤선교센터(안양제일교회 외 14교회로 구성)는 필리핀 빈곤 선교지의 실태를 조사하여 앞으로 선교비 지원계획을 수립하기 위하여 선교위원장 장로 4명과 캠프 대표 목사 1명이 필리핀 빈곤 선교지를 방문하게 되었다. 2009년 4월 14일 오전 8시 35분 인천공항을 출발하여 12시 35분에 마닐라 공항에 도착하였다.

점심 식사 후에 현지 선교사 1명과 함께 마닐라 빈곤 선교현장(톤도)를 찾아갔다. 필리핀은 인구가 약 8천8백만 명이 된다고 하는데 그 가운데 빈곤층에 속하는 인구가 전체 인구의 50%라고 한다. 그곳 날씨는 1년 중 더운 여름철이었으며, 찾아간 곳은 여러 가지 쓰레기 매립장과 숯을 만드는 곳이 함께 어우러져 있었는데 흙을 너무 얇게 덮어서 온갖 냄새, 먼지, 연기 등으로 잠시도 머물기 어려운 환경인데도 불구하고 판잣집이 서로 연결되어 가득 차 있었다. 거기에 살고 있는 사람들은 쓰레기 중에서 재활용품을 골라내어서 그것을 팔아서 생활하고 있다고 한다.

선교현장(Joyfull Land Mission) 건물은 지붕과 벽을 판자로 연결하여 건축한 것인데도 약 200명의 어린이를 모아 놓고 찬양을 부르고 있었다. 찬양이 끝나자 참석한 어린이에게 식권을 배부하여 빵 1개와 쥬스 1봉지를 나누어 주었다. 사역자는 한국인 선교사 1명과 현지인 1명, 여러 자원봉사자들이 있었다. 우리 일행은 선교비를 전달하고 그들을 격려하였다.

4월 15일 아침에는 마닐라 톤도의 나보타스강 하구 지역인데 강물 위에도 나무로 판잣집을 짓고 강 주변과 고가도로 밑에도 판잣집을 서로 연결되게 지어서 통로도 한 사람이 겨우 들어 갈 수 있는 옆집과 붙여 지은 집들이고 그것도 2층까지 위험하게 지은 집인데 한 채에 4가구가 살고 있다고 하였다.

이곳의 사람들은 지방에서 무작정 상경한 가난한 사람들이기 때문에 위험하게 물 위에 집을 짓고 생활하고 있다. 모든 판잣집이 한데 연결되어 붙어 있어 화재가 나면 모두가 한꺼번에 다 타게 되는 위험한 상태로 생활을 하고 있었다.

그곳에는 아직까지 선교현장이 없고 초등학교 입학 전 단계인 유아들의 기초적인 글을 가르치는 유아교육장(Learning Center)이 있는데 장소도 좁고 많이 수용할 수도 없어 1개월에 얼마씩 돈을 내고 교육을 받을 수 있다고 하였다.

또 다른 곳에서는 컴퓨터 기초 과정을 가르치는 곳(E-Learning Digital Center)이 있었는데 엔지오 선교단체의 도움으로 운영하고 있다고 하였다. 수용 장소는 좁은데 신청한 인원이 너무 많아서 1일에 3차례나 사람을 바꾸어서 교대로 교육을 실시한다고 하였다. 우리 일행은 그곳에서도 선교비를 전달하고 그들을 격려하였다.

오후에는 마닐라 바세코 지역을 찾아갔다. 그곳 역시 쓰레기를 매립한 땅인데 오래되어 땅이 조금 단단해졌고 4년 전에 해비타트(사랑의 집짓기)의 지원으로 약 10,000세대 정도가 지어져 있었고 한쪽에는 아직도 판잣집이 서로 연결되어 지어져 있는 곳으로 바닷가에 접하여 있었다.

이곳 사람들도 쓰레기를 분리수거하여 그것을 팔아서 생활비를 마련한다고 하였다. 이 지역의 선교현장(Wmc Care Feeding Center) 건물은 블록 벽을 쌓아 스레트 지붕을 한 것으로 창문을 너무 높게 내어 건물 안이 더웠다. 매일 반별로 나누어서 성경 공부를 한 후에는 오후 3시가 되면 점심 겸 저녁 식사로 식권을 주어서 밥과 닭고기와 물을 담은 식판으로 약 200명 정도를 먹게 한다고 하였다. 우리 일행은 그곳에서도 선교비를 전달하고 그들을 격려하였다.

　빈민촌 지역은 수돗물이 공급되지 않아서 공동수도가 있는 곳에 가서 돈을 주고 물을 사서 물지게로 지고 와서 먹고 있었으며, 강 하구 지역과 고가도로 밑에서 사는 사람은 전기 공급도 없이 살고 있었다. 그리고 이 지역에는 모두 비포장도로이며 트라이시클이라는 오토바이 옆에 짐칸을 붙여 사람도 6명이 타기도 하고 짐도 운반하는 것이 유일한 교통수단이었다.

　필리핀 국가는 빈곤촌 인구가 너무 많아서 정부에서도 어떻게 해결할 수 있는 방안이 없는 상태이므로 세계 각국의 끊임없는 관심과 도움이 필요한 나라라고 생각되었다.

러시아 블라디보스토크

　극동러시아 블라디보스토크 역사, 문학기행을 위해 2016년 4월 15일 국제PEN한국본부 경기지역 위원회(회장: 정성수) 회원 22명이 오후 1시 인천공항을 출발하여 2시간 걸려서 오후 3시에 블라디보스토크 공항에 도착하였다. 이곳은 우리나라와 시간 차가 1시간 빠르며 2월의 기온이라 추웠다. 러시아인은 콧대가 뾰족하게 솟아 있어 쉽게 알아볼 수 있었고 비행기 속에서는 오직 러시아 언어로만 안내하였는데 세계에서 가장 배우기 어려운 언어라고 느꼈다. 러시아는 46주로 되어 있으며 땅 넓이는 우리나라 남한의 175배이고 인구는 우리나라의 3배가 된다. 그리고 연해주는 우리나라 남한의 1.6배이고 인구는 약 200만 명인데 블라디보스토크는 인구 85만 명이 살고 있다.

　연해주에서는 수많은 애국지사들이 조국의 독립을 위해 혼을 불태운 곳이었다. 외교적 노력을 기울이는가 하면 의병을 조직해 일제와 격전을 벌이기도 했던 곳이다. 또한 신문을 통해 대외선전을 이끌며 학교와 각종 단체에서 민족 계몽운동에도 앞장섰다. 3.1 독립만세 운동도 연해주에서 번진 커다란 등불이었다. 그들의 혼을 심지 삼아 타올랐던 불꽃은 꺼지지 않은 혼불이 되어 연해주 땅을 아직도 밝히고 있었다.

　공항에서 블라디보스토크 시내까지는 버스로 약 20분이 걸렸다. 차창 밖으로 보이는 러시아 연해주는 높은 산이 없는 광활한 평야 지역으로 옛날 한인들이 농사지은 토지는 잡초만 우거져 있고 가끔 언덕이 있는 곳은 자작나무만 보이고 소나무는 전혀 찾아볼 수가 없었다. 시내 한복판에 위치한 시내를 한눈에 조망하는 독수리 전망대까지 많은 계단을 올라가서 시내를 바라보니 유럽식 건물은 몇 채 있었으나 현재 우리나라에서 흔히 볼 수 있는 건물들이었다. 호수같이 자연 방파제 항구 도시이므로 모든 선박은 이곳에 정박하고 있었다. 우리가 찾아간 호텔은 로비가 7층에 있고 숙소는 아래층에 있는 바닷가에 위치한 호텔이었다.

　4월 16일 호텔에서 조식 후 오전에는 보슬보슬 내리는 가랑비를 맞으며 레닌 공원을 거쳐 신한촌 기념비가 있는 곳으로 갔다. 1863년 연해주에 한인들의 이주가 시작되면서 블라디보스토크에 신한촌이 형성되었다. 일제시대 지하 독립운동이 활발하게 이뤄졌던 역사 공간이었으나 일본에게 좋게 보이려는 스탈린의 수천리 밖으로 강제이주 정책에 의해 신한촌의 한인들을 중앙아시아로 뿔뿔이 흩어지게 되었다. 그리하여 이제는 터만 남은 이곳에 선조들의 독립정신을 기리기 위해 신한촌 기념비 세 개가 나란히 애처롭게 도로 가까운 곳에 세워져 있었다.

그리고 시베리아 종단 열차의 시발점이자 종착역인 블라디보스토크역으로 이동하였다. 이 역에서 모스코바역까지의 길이는 약 일만km이라고 하였는데 우리 일행은 이곳에서 열차를 타고 우골나야역까지 약 40분간 시베리아 종단 열차 체험을 하였다.

그 역에서 다시 버스를 타고 시내까지 오는 도중 버스 안에서 필자의 건강강의(감기 예방법 외 10개)가 있었다.

그리고 1909년 일제 침략의 원흉인 이토 히로부미(이등박문)를 처단한 안중근 의사(연해주의 의군중장)가 거주하였던 집을 경유하여 러시아 개선문과 러시아 정교회 사원을 관람하고 1890년에 설립한 아르세니예프 향토 박물관을 관람하였는데 옛날 조상들이 사용하였던 토기, 청동기부터 지금까지 사용했던 온갖 장신구 등을 관람하였다. 그리고 아무르만을 따라 해변가에 위치한 해양 공원을 거쳐 젊음의 거리 아르바트 거리에서 커피숍에 들어가 커피 한잔을 마시면서 잠시 휴식을 취했다.

그곳에서 이동하여 해안가에 있는 전쟁영웅 참전비와 영원의 불꽃이 있는 곳을 경유하여 2차 대전 당시 소련 태평양 잠수함 (길이 약100m) 속에 들어가 잠수함의 역사와 박물관을 관람하고 잠수함의 기관실과 어뢰발사 장치 등을 관람하였다. 그리고 저녁 식사를 마친 후에 호텔 로비에서 장소를 마련하여 각자 자기 소개와 시 낭송회를 가졌다.

4월 17일 조식 후 버스로 20분을 달려서 블라디보스토크 공항에 도착하여 출국 준비를 하여 오전 11시 출발, 2시간 걸려서 오후 1시에 인천공항에 도착하였다.

이번 여행을 통하여 미지의 땅 블라디보스토크에서 3일간 보고 느낀 것은 연해주를 대표하는 독립운동가 이범진은 1901년 대한제국 초대 러시아 상주 공사였으며, 1907년 그의 아들 이위종을 헤이그 밀사로 파견했고, 연해주 항일 의병 조직인 동의회 결성에 참여하여 최후까지 목숨을 아끼지 않고 일제에 항거하였다고 한다. 그리고 안중근 의사 등 많은 독립운동가들이 일제에 항거한 모습들을 조금이나마 이해하게 되었으며, 국제PEN클럽 회원 상호 간에도 숙식을 같이하면서 친교도 한층 더 잘 형성되었다고 느끼게 되었다.

중국(심양, 연길, 단동) 해외 연주

솔리데오(오직 주님께) 장로합창단(단장: 한정현, 지휘: 석성환)은 오직 주님만을 바라보며 찬양으로 영광 돌리는 예배적 사명과 그리스도의 사랑을 전하는 선교적 사명을 감당하는 뜻으로 모인 초교파 80여 개 교회 장로 130명인 남성합창단과 솔리데오 여성합창단으로 되어있다. 중국의 심양, 연길, 단동에서 2009년 7월 25일부터 30일(5박 6일)까지 제1회 해외 연주회를 위해 단원 남, 여 100여 명이 심양 공항에 도착하였다. 심양은 청나라의 수도였으나 후에는 봉천이라 불렸다. 이곳에서 금번 해외 연주회가 아무런 사고도 없이 성공적으로 은혜롭게 잘 진행되고 마칠 수 있기를 기도하는 마음으로 각자의 숙소로 향했다.

둘째 날에는 시내에 있는 조선족 교회 중 가장 큰 서탑교회(담임목사: 오명봉)에서 예배를 드리며 특별 찬양을 하였는데 담임목사님의 요청으로 3곡을 더 연주하였다. 천여 명의 성도들과 함께 참으로 감격적인 순간을 가졌다. 그곳에서 가까운 곳에 있는 한인교회에서도 찬양을 하였으며, 그리고 다시 장소를 옮겨서 삼자교회인 유서 깊은 동관교회를 찾아갔다. 이곳에서 '예수 사랑하심을' 부르고 단체사진도 촬영하였다. 동관교회 부속 건물에는 교회 역사와 중국 선교 역사자료들이 전시되어 있는데 우리나라에 복음을 전한 로스 선교사님의 발자취를 살펴볼 수 있었다.

심양에서 우리 일행은 버스를 타고 4시간 달려서 단동에 도착하였다. 단동은 북한에서 압록강을 건너 중국 땅에 들어서는 첫 관문이다. 강 건너 저편에 북한 땅이 보인다. 북한 주민들과 국경을 지키는 군인들이 움직이는 모습을 바라보면서 압록강 철교로 향했다. 그곳에는 새로 건설한 철교가 있었고 옛날에 세운 철교는 한국전쟁 때에 폭격을 받아 파손된 채로 서 있었다. 거기서 가까이 보이는 섬이 위화도이다.

우리 일행은 남은 철교 밑을 걸어 되돌아와서 거기서 가까운 곳에 있는 칠도교회로 갔다. 이 교회는 영락교회 한경직 목사님이 젊은 날에 시무하셨다고 한다. 이 교회에서 우리들이 준비한 전체 찬양곡을 연주하여 칠도교회 성도들과 찬양을 통하여 은혜와 감동의 시간을 가졌다.

　　셋째 날에는 단동을 출발하여 고구려 유적지가 모여 있는 집안(輯安)을 거쳐 통화(通化)에서 야간열차를 타고 백두산 아래 이도백하(二道白河)까지 가는 긴 여정이다. 우리 일행은 집안(輯安)에 도착하여 환도산성(丸都山城)을 관람하였다. 이곳 주변 일대를 살펴보며 고구려의 실체를 연상해 보았다. 쌍영총과 고분벽화 그리고 광개토대왕 비석 등을 관람하였다. 그리고 통화에서 밤 1시에 출발하는 침대가 있는 야간열차를 타고 백두산(장백산) 근처에 있는 이도백하역에 도착하니 새벽이었다. 거기서 아침 식사 전에 장백산 폭포가 있는 곳까지 다녀왔다.

　　넷째 날에는 아침 식사 후에는 뒤쪽에 양쪽으로 의자가 있는 소형 트럭을 타고 S 코스 오르막길을 백두산 천지가 보이는 곳

까지 올라갔다. 천지가 보이는 곳에 도착하니 맑은 날씨라 주변 풍경을 잘 볼 수 있어 다행이었다. 거기서 단체 사진과 개별로 사진을 촬영하고 잠시 휴식을 취한 후 하산하였다. 그리고 버스를 타고 두만강변을 따라 연길로 향했다.

가는 도중에 삼합(三合)을 지나가는데 날씨가 좋아 북한의 땅 회령(會寧)이 시야에 들어왔다. 회령은 우리 일행 중인 정명진 장로님의 고향이라고 하였다. 그곳을 지나 명동촌에 들러 윤동주 시인의 생가를 찾아갔다. 젊은 애국 시인의 '죽는 날까지 하늘을 우러러 한 점 부끄럼 없기를' 되뇌어 보았다. 그리고 저녁에는 이 지역에서 규모가 큰 연길교회에서 특별 찬양을 하였다. 연주는 은혜롭게 잘하여 전체 교인들로부터 크게 환호와 감명을 받았다. 연주 후 우리 일행은 연길 공항으로 가서 거기서 밤 비행

기를 타고 심양에 도착하여 첫날 밤 이용한 숙소로 이동하였다.

　다섯째 날 오늘은 귀국하는 날인데 낮 시간에 여유가 있어 심양의 재래시장과 백화점을 둘러 보았다. 그리고 휴식을 취한 후 우리 일행은 심양 공항에서 비행기를 타고 귀국 길에 올랐다. 5박 6일 동안 중국(심양, 단동, 연길)에서 솔리데오 장로합창단의 첫 해외 연주를 무사히 마칠 수 있도록 도와주시고 인도하여 주신 하나님께 감사 기도를 드렸다.

호주, 뉴질랜드 해외 연주

솔리데오(오직 주님께) 장로합창단(단장 : 한정현, 지휘 : 석성환)은 초교파 80여 개 교회 장로 130명인 남성합창단과 솔리데오 여성합창단으로 되어있다. 2009년에는 중국의 심양, 연길, 단동에서 제1회 해외 연주회를 하였으며, 금번에는 호주, 뉴질랜드에서 제2회 해외 연주회를 하게 되었다.

2011년 8월 11일 19시 50분 95명(남자 : 60명, 여자 : 35명)이 인천공항을 출발하여 10시간 걸려서 12일 06시 20분 호주 시드니 공항에 도착하였다. 호주는 땅 넓이가 7,686,850km²이며 우리나라의 33배가 된다. 인구는 2,100만 명이며, 수도는 캔버라이다. 시드니는 땅 넓이가 서울과 경기도를 합한 정도가 된다.

한국과 다른 점은 한국은 현재 무더운 여름인데 호주는 초겨울이었고 해가 동쪽에서 떠서 북쪽을 거쳐서 서쪽으로 진다. 그리고 차량에 운전석이 오른쪽에 있고 자동차가 좌측통행을 한다. 시간 차는 1시간 더 빠른 시간이다. 1년 동안 관광객 숫자가 호주 인구보다 더 많다고 한다.

호주는 1780년 영국인이 들어오기 시작하여 1788년 영국이 지배하는 나라가 되고 원주민(애버리지니)은 현재 25만 명 정도가 되고 국민소득은 5만 불 정도이다. 현재 시드니에는 한국인이 6만여 명 살고 있고 교인이 200명 이상 되는 교회는 10여 개 교회가 있고 소규모 교회가 약 100여 교회가 된다. 종교는 그리스도교(영국성공회, 장로교 등)가 주축을 이루고 있다.

시드니 도착 후 야생 동물원으로 이동하여 코알라, 캥거루 등을 관람하였다. 중식 후에는 마운틴 국립공원에서 전설의 세자

매봉과 에코포인트 관광 및 협곡 궤도열차(옛날 석탄 운반차를 개조)를 탑승하고 경사가 60도 이상 되는 경사진 길을 아래로 100m 정도 내려갔다. 거기서 옛날 석탄을 캔 장비와 산 전체가 석탄 원료인데 현재는 더 이상 석탄을 캐지는 않고 있었다.

산은 위로 올라가는 산이 없고 도로보다 아래로 내려가는 협곡으로 된 산이 있으며, 산에는 코알라 새끼가 살 수 있는 나무(유칼립투스)들이 우거져 있다. 이 나무들에서는 알코올과 기름 성분을 발산하여 멀리서 바라보면 산이 푸른색의 안개가 덮인 것 같이 보였다. 그리고 남태평양 최대 규모의 해양 수족관인 아쿠아리움을 관광한 후 유람선을 타고 선상에서 저녁 식사를 하면서 세계 3대 미항인 시드니 항만을 감상하는 시간을 보냈다. 그리고 시드니 호텔(stanford hotel)에서 여정을 풀었다.

13일 조식을 한 후에는 본다이비치, 캡퍅 등 시드니 동부 해안을 관광하였는데 초겨울이라 해수욕을 하는 사람은 없었으나 해안가를 거닐면서 휴식을 취했다. 모래사장은 너무나 고운 금모래가 깔려 있어 걸어가도 신발이 빠져들지 않았다. 오후에는 시드니 항에 있는 오페라 하우스, 하버브리지, 미세스 맥콰리 포인트 등 시내 관광을 하였다.

석식을 한 후 19시부터 시드니 영락교회(담임목사: 이명구)에서 1차 해외 연주(남성: 7곡, 여성: 2곡, 콰이어 차임: 2곡, 트럼펫: 1곡)를 연주를 하였는데 참석 교인은 250여 명 되고 젊은 층의 교인들도 많았다. 찬양은 가사를 모두 암기하여 불렀는데 부르는 자나 듣는 자가 다 같이 은혜 충만하여 하나님에게 큰 영광을 돌렸으며, 앙코르곡으로 「고향의 봄」을 불렀을 때에는 눈물을 흘리는 장면도 보였다.

14일 오전 10시 30분부터 시드니 현지인 교회(northbridge church, 담임목사: 손양래)에서 시드니에서 2차로 예배찬양(2곡 부른 후 말씀 읽고 강해설교 후에 3곡) 남성찬양 5곡, 트럼펫 1곡을 찬양하면서 예배를 드렸다. 말씀과 설교는 영어와 한국어로 목사님 혼자서 직접 하셨다. 교인들은 젊은 사람은 없고 모두 나이가 많은 사람들만 60여 명이라서 젊은 사람들이 앞으로 많이 나오기 위해 기도 중이라고 하였다. 중식 후에는 14시부터 열린문교회(담임목사: 주정오)에서 3차 연주회를 하였다.

참석 교인은 200여 명 되는데 젊은 층도 많았다. 찬양하는 동안은 부르는 자나 듣는 자가 한마음 한뜻이 되어 하나님에게 큰 영광을 돌려 드렸다. 잠시 휴식을 취하고 저녁 식사를 한 후에는 시드니 순복음교회(담임목사: 정우성)에서 4차 연주회를 가졌다. 참석 교인 숫자는 250여 명 되는데 젊은 층도 많았다. 찬양하는 동안은 1차 때와 같이 부르는 자나 듣는 자가 한마음 한뜻이 되어 하나님에게 큰 영광을 돌렸다.

15일 오전에 시드니 공항으로 가서 09시 출발하는 항공기를 타고 2시간 걸려서 뉴질랜드 북섬에 있는 오클랜드 공항에 11시

25분에 도착하였다. 뉴질랜드는 북섬과 남섬 두 개의 큰 섬으로 되었으며, 화산 폭발로 생긴 땅이라서 육지에서 볼 수 있는 사나운 동물(사자, 곰, 뱀 등)이 없고 남섬에서는 양을 많이 기르고 있고 북섬에서는 젖소를 많이 기르고 있다.

땅 넓이는 270,534km²이며, 인구는 423만 명이다. 수도는 웰링턴이며, 종교는 영국성공회, 장로교가 주축을 이루고 있다. 여기도 해가 동쪽에서 떠서 북쪽을 거쳐서 서쪽으로 진다. 일기는 호주보다 약간 더 추운 날씨이다.

자동차의 경우도 좌측통행을 한다. 한국과 시간 차는 3시간 빠른 시간이며, 오존층이 깨어져서 햇빛을 직접 쳐다볼 수가 없기 때문에 모두 선글라스를 쓰고 다닌다.

그리고 화력발전소도 없고 화학제품 공장도 없어서 전기는 남섬에서 공급하는 수력발전과 북섬에 있는 지열발전을 이용한다. 쌀과 플라스틱 제품 등은 다른 나라에서 수입하고 비가 와도 물이 땅속으로 스며들고 고여 있지 않아 논은 없고 양과 젖소들이 먹는 넓은 푸른 초장이 많아서 옮겨가면서 풀을 뜯어 먹으며 자란다.

뉴질랜드 공항에서는 음식물이나 육지의 어떤 동물들도 가지고 들어오지 못하도록 철저하게 검열을 한다. 오클랜드 공항에 도착한 후 점심 식사하고 에덴동산, 미션 베이, 하버브리지 등 시내 관광을 한 후 자동차로 3시간 달려서 유황과 온천의 도시인 로토루아로 갔다. 도중에서 끝없이 이어지는 푸른 초장과 젖소가 젖을 짜기 위해서 1열로 서서 기다리고 있는 모습도 보였다. 저녁 식사 후 호텔(holyday inn hotel)에서 여정을 풀었다.

16일 오전에 가까운 곳에 있는 아그로돔으로 이동하여 그곳에서 양털깎이쇼와 인근 초장에서 개가 양을 몰이하는 시범쇼를 관람한 후 트랙터를 타고 농장을 견학하는 팜투어를 하면서 동물들에게 모이를 주는 장면도 직접 체험하였다. 그리고 원주민 마오리 건축의 역사를 느낄 수 있는 전통 가옥을 관람하고 간헐천, 진흙 열탕 등 살아있는 지열지역을 체험하였다. 그리고 가까운 곳에 있는 폴리네시안 풀에서 수영복 차림으로 야외 유황 온천을 하였다. 저녁시간은 원주민 마오리 민속쇼를 감상하면서 원주민 전통식사를 한 후 호텔로 향했다.

17일 오전에 레드우드 수목원으로 갔다. 그곳에는 수백년 동안 자란 큰 나무들이 많이 우거져 있어 세 사람이 양팔을 벌려서 잡아야 되는 큰 나무들도 여기저기 있었다. 그곳에서 산림욕을 1시간 이상 하였다. 점심 식사 후에는 2시간 이상 자동차를 달려서 오클랜드로 향해 갔다.

잠시 휴식을 취하고 저녁 식사를 한 후 19시 30분부터 오클랜드 순복음교회(담임목사: 김지현)에서 5차 연주회를 하였다. 참석 교인은 200여 명 되었으며, 젊은 사람들도 많이 있었다. 찬양하는 동안은 부르는 자나 듣는 자가 다 같이 은혜 충만하여 하나님에게 큰 영광을 돌렸다. 그리고 오클랜드 호텔(suoima akl hotel)로 갔다.

   18일 새벽 6시 공항으로 가서 아침 식사를 한 후 8시 40분 오클랜드 공항을 출발하여 12시간 걸려서 오후 5시 40분에 인천공항에 도착하였다. 호주와 뉴질랜드는 땅은 넓고 인구는 적으며, 장수하는 나라 중에 속한다. 그것은 평소에 수입의 20~30%를 국가에 세금으로 납부하면 국민카드를 발급하는데 병원 치료비가 무료이므로 매년 건강진단을 받아 건강을 잘 유지하며, 고등학교까지의 자녀 교육비는 무료이다. 대학교는 원하는 자만 들어간다고 하며, 60세가 되면 국가에서 연금을 받아서 생활하는 노후 생활이 안정되어 있다. 그리고 국민성이 정직하고 질서를 잘 지키는 점은 우리가 본받아야 하겠다고 생각되었다.

인도에 해외 연주

솔리데오(오직 주님께) 장로합창단(단장: 한정현, 지휘: 석성환)은 초교파 장로 130명의 남성합창단과 50명의 여성합창단으로 되어 있다. 2009년에는 중국의 심양, 연길, 단동에서 제1회, 2011년에는 호주, 뉴질랜드에서 제2회 해외 연주를 하였으며, 금번에는 제3회 해외 연주회를 한국-인도 수교 40주년 기념찬양 연주회로 인도의 델리와 첸나이에서 하게 되었다.

2013년 7월 19일 오후 2시 114명(남자 68명, 여자 46명)이 인천공항을 출발하여 홍콩을 경유하여 9시간 걸려서 오후 10시에 델리공항에 도착하여 델리 힐튼호텔에서 여정을 풀었다. 인도는 인구 12억이고, 국토 면적은 남한의 33배이며, 시간 차는 3시간

30분이다.

종교는 힌두교인 80%, 이슬람교인 18%, 기독교인 2%이며, 한국인은 수도 델리에 약 6,000명, 첸나이에 약 3,000명 거주하고 있으며, 첸나이에 예수님의 제자 도마가 순교한 곳이 있다. 20일(토)에는 조식 후 델리공항으로 이동하여 2시간 30분 걸려서 첸나이 공항에 도착하여 198년 된 사도 도마 순교기념 교회 기념탑 앞에서 야외 연주회(5곡)를 한 후 도마가 기도한 지하 땅굴과 순교지를 관람하였다.

21일 오전에 남성찬양단은 첸나이 한인장로교회(주성학 목사) 11시 예배에 참석하여 찬양(2곡)을 하고 여성합창단은 마드라스 첸나이 한인교회 11시 예배에 참석하여 찬양(2곡)하였으며, 오후 2시에는 첸나이 한인장로교회에서 첸나이 한인들을 위한 음악회(남성찬양단: 9곡, 여성 찬양단: 2곡, 콰이어 차임: 2곡, 바리톤 솔로 조상현 독창: 2곡, 마지막은 모든 대원이 할렐루야 대곡 합창)를 1시간 30분 동안 가졌다.

찬양은 가사를 암기하여 불렸는데 부르는 자나 듣는 자가 다같이 은혜 충만하여 하나님에게 큰 영광을 돌렸으며, 앙코르송 「고향의 봄」을 부를 때에는 눈물을 흘리는 성도도 있었다. 그리고 오후 6시에는 CSI(남인도 교회)에서 연주회를 1시간 30분 동안 가졌는데 참석인은 모두 현지인으로 약 500명이 되었다. 연주회 후 호텔(RESIDENCY)로 이동하였다.

22일 오전 전용 버스로 5시간 달려서 인도의 최초 선교사(김영자)가 설립한 크리쉬나기리 기독교 학교(학생수: 약 1,500명) 운동장에서 야외 음악회를 가졌다. 그런데 우리가 공연을 마치고 출발한 후 10분 뒤에는 폭우가 내린다고 연락이 왔다. 오후에는 칸치푸람(남인도 최대의 힌두교 성지)을 관람하였다.

23일 오전 첸나이 공항으로 이동하여 2시간 30분 걸려서 델리공항에 도착하였다. 이후 세인트 마틴교회(북인도 교회: 유동윤 목사)로 이동하여 공연 리허설 및 기도회를 가진 후 오후 6시에 한국-인도 수교 40주년 기념 찬양 연주회를 2시간 동안 가졌다. 기념찬양 연주회는 인도학교 어린이 식전 공연 2곡, 솔리데오 장로합창단 10곡, 솔리데오 여성합창단 2곡, 콰이어 차임 2곡, 바리톤 솔로 조상현 2곡, 현지 델리 한인교회 찬양대 2곡 마지막은 모든 대원이 할렐루야 대곡 합창 순서로 진행하였고 참석인원은 현지인 약 1,000명 정도 되었다. 참석인 중에는 그 지방을 다스리는 고위직 공무원들도 있었다.

24일 오전 전용 버스로 5시간 30분 걸려서 인도아그라에 있는 타지마할(궁전 형식의 묘로 인도의 대표적인 이슬람 건축물)에 가서 문화 체험을 하였다. 그리고 5시간 30분 걸려서 오후 9시에 델리 한인교회(정용구 목사)에서 수요 예배를 드렸다.

25일 오전 전용 버스로 1시간 이동하여 악사르담(2005년에 완성된 힌두교 사원으로 거대한 규모와 정교한 조각으로 장식된 건축물)을 관람하고 오후 6시에는 세인트 마틴교회(유동윤 목사)에서 인도 선교사님들을 위한 음악회를 공연하고 출발 예배를 드린 후 델리공항으로 이동하여 오후 11시 10분 출발, 홍콩을 경유하여 26일 오후 1시에 인천공항에 도착하였다.

금번 해외 연주회는 인도 첸나이 정연수 선교사의 협조가 컸으며, 인도는 힌두교와 이슬람의 대립과 빈익빈 부익부 양극화가 심화되어 있고 경제 성장률은 8~9% 카스트 제도, 변하지 않는 의식구조 등으로 모든 분야가 완만한 상태인 것 같이 보였다.

고속도로에는 휴게소가 없어 불편했고 미개발지가 많이 보였다. 시내에는 보도가 없고 자동차는 좌측통행을 하고 있었다. 인도는 예수님의 제자 도마가 순교한 땅이며, 신(神) 3억 3천이 숭배의 대상으로 변해버린 힌두의 땅이며, 강력한 이슬람 세력이 존재하는 땅으로 일찍이 포르투갈, 프랑스, 영국의 기독교 문화가 들어 왔지만 변하지 않는 땅이다. 현재 전 세계 미전도 종족 3,300 중 미전도 지역 2,500 종족이 살고 있는 땅이므로 앞으로 계속 인도 선교사역이 요구되는 나라 중 하나이다.

특히 괄목한 것은 현대 자동차 공장이 첸나이 외곽에 넓은 장소를 보유하고 있고 현재 인도 자동차 시장 점유율 2위이다.

미주지역 해외 연주

솔리데오(오직 주님께) 장로합창단(이사장:정성길, 단장:윤남훈, 지휘:석성환)은 초교파 장로 130명의 남성합창단과 50명의 솔리데오 여성합창단으로 되어 있다. 2009년에는 중국의 심양, 연길, 단동에서 제1회, 2011년에는 호주, 뉴질랜드에서 제2회, 2013년에는 인도의 델리, 첸나이에서 제3회 해외 연주를 하였으며, 금번에는 제4회 해외 연주를 미국의 뉴욕, 워싱턴, LA에서 개최하게 되었다.

2015년 7월 18일 오전 10시 155명(남자: 89명, 여자: 66명)이 인천공항을 출발하여 13시간 걸려서 뉴욕 JFK 공항에 도착 후 뉴저지 숙소로 이동하여 여정을 풀었다.

미국은 면적이 9,826,675k㎡이며 50개 주로 구성되어 있고 인구는 약 3억 2천만 명이며, 건국일은 1776년 7월 4일이다. 종교는 개신교: 51%, 가톨릭: 24%, 모르몬교: 1.7%, 유대교: 1.7%, 불교: 0.7%, 이슬람교: 0.6%이다. 수도는 워싱턴DC이며, 종족 구성은 백인 79.96%, 흑인: 12.85%, 아시안인: 4.43%, 인디언 및 알래스카인: 0.97%, 원주민: 0.18%, 다민족: 1.61%이며, 한국인은 약 110만 명인데 LA 거주가 60만 명이며, KOREA타운도 있다.

금번 연주회는 LA 죠이풀합창단(단장:이종문 장로)과 함께 연주회를 갖기로 하였다. 7월 19일(주일) 남성합창단은 뉴저지 프로미스교회(김남수 목사)에서 11시 예배시간에 6곡을 찬양하였으며, 찬양은 가사를 모두 암기하여 불렀는데 부르는 자나 듣는 자가 다 같이 은혜 충만하여 하나님께 큰 영광을 올려드렸다.

참석 교인은 약 700명이 되었으며 교회는 시내 한가운데 위치하고 있었다. 여성은 뉴욕 필그림교회에서 11시 예배 시간에 2곡을 찬양하였다. 그리고 오후 6시에는 뉴저지 필그림교회(양춘길 목사)에서 전체 음악예배(남성합창단: 9곡, 여성합창단: 2곡, 콰이어 차임: 2곡, 테너독창: 1명, 바이올린: 1명)를 드렸는데 모든 순서마다 우레 같은 박수 소리와 함께 부르는 자나 듣는 자가 한마음 한뜻이 되어 다 같이 하나님께 큰 영광을 올려 드렸다.

여성합창단도 가사를 모두 암기하여 찬양하였는데 율동과 부

채춤(2명)을 겸하여 더욱 은혜가 충만하였다. 또한 파란 불빛이 번쩍이는 전자 바이올린 독주의 인기가 대단히 좋았다. 참석 교인 수는 약 500명이 되었다.

7월 20일(월) 조식 후 유엔본부 공연을 위해 맨해튼으로 이동하여 오후 1시에 유엔본부 광장에서 여성합창: 2곡, 죠이풀합창단: 2곡, 남성합창단: 3곡을 찬양하였으며, 연주가 끝나자 주미 유엔 부대사(한충희)가 칭찬과 격려의 말씀을 하셨다.

그리고 인근에 있는 엠파이어 스테이트 타워 빌딩을 관람하였으며, 유람선을 타고 프랑스가 건축하였다는 '자유의 여신상'을 관람한 후 록펠러 기념관 거리를 거쳐서 숙소로 이동하였다. 이 나라의 국민들은 아침에 누구든지 만나면 "굿 모닝" 인사하는 습관이 있고 시내 거리에 걸어 다니는 사람들의 옷차림은 정장은 찾아보기 힘들고 입기에 편한 자유스러운 복장이며 날씨가 더운 까닭인지 소매 없는 티셔츠와 반바지를 입고 다니는 모습도 보였다.

7월 21일(화) 조식 후 출발하여 리버티 스테이트 파크에서 자유롭게 관광을 한 후 미 육군 사관학교로 이동하였다. 넓은 대지 위에 교육 시설과 숙소와 넓은 운동장 등 모든 것이 잘 갖추어져 있었다. 그리고 세계에서 가장 큰 명품점이 있는 우드버리 아울렛에서 쇼핑을 한 후 헤밀턴 파크에서 맨해튼 전경을 바라보면서 감상한 후 숙소로 이동하였다.

7월 22일(수) 조식 후 이승만 대통령이 공부하였다는 뉴저지에 소재한 프린스턴 대학을 방문한 후 필라델피아에 있는 몽고메리교회(최혜근 목사) 한국 기독교 군선교연합회가 주관하는 솔리데오 합창단 필라델피아 방문 찬양 및 기도회에서 남성합창단이 2곡을 찬양하였고 애국가도 불렀다. 미국에 있는 교포들이 조국의 통일을 위한 노력과 기도가 계속되고 있음에 큰 감명을 느꼈다. 그 교회에서 준비한 중식을 맛있게 먹은 후 워싱턴으로 이동하여 오후 7시에 워싱턴 베다니 장로교회(김영진 목사)에서 전체가 공연하는 음악 예배를 드렸다. 참석 교인은 약 500명이 되었다. 교회는 단층이나 넓은 대지를 확보하고 있었다.

7월 23일(목) 조식 후 이동하여 한국전쟁 참전용사기념비가 있

는 곳으로 향하였다. 그곳에서 찬양 2곡을 불렀는데 석판에는 USA 부상자: 103,284명, 포로: 7,140명, 실종자: 8,177명, 사망자: 54,246명이라고 기록된 것을 보는 순간 우리나라를 위해 이렇게 많은 군인들이 희생당한 것에 대한 감사함을 느끼게 되었다. 그리고 스미소니언의 항공우주 박물관과 자연사 박물관을 관람하고 백악관, 국회의사당, 링컨 기념관, 제퍼슨 기념관을 관람한 후 숙소로 이동하였다.

7월 24일(금) 조식 후 워싱턴 달라스 공항과 볼티모어 공항으로 분산하여 국내선으로 5시간 걸려서 LA 로스앤젤레스 공항에 도착하여 오후 4시에 나성 한인교회(신동철 목사)에서 전체가 공연하는 음악예배를 드렸다. 참석인원은 약 500명이 되었다. 교회는 단층이나 주차장을 위한 넓은 대지를 확보하고 있었다.

 7월 25일(토)은 새벽 6시에 남가주 사랑의 교회에서 새벽예배를 드렸는데 남성합창단이 2곡을 찬양하였다. 참석 교인 수가 약 500명이었는데 새벽 시간에 이렇게 많은 인원이 참석한데 대하여 놀라움과 새로운 용기를 얻게 되었다. 교회는 단층 건물이나 부속 건물과 주차장을 위한 넓은 대지를 확보하고 있었다. 조식 후 월마트와 시타델 아울렛에서 자유롭게 쇼핑을 하고 다나 포인트 비치 해변가로 이동하여 죠이풀합창단이 준비한 LA갈비와 꽁치 등으로 모두들 맛있게 중식과 석식을 대접 받게 된 것을 감사하게 생각하면서 족구와 게이트볼 경기를 하면서 하루를 즐기게 되었다.

 7월 26일(주일) 조식 후 나성 영락교회(김경진 목사)로 이동하여 오전 8시 40분에 예배를 드렸는데 남성합창단이 2곡을 찬양하였고 참석 교인은 약 1,000명이 되었다. 교회는 단층 건물이나 1천석 이상 되는 좌석과 100명의 성가대석이 있었고 주차장을 위한 넓은 대지도 확보하고 있었다. 그리고 11시에는 은혜 한인교회(한기홍 목사)에서 예배를 드렸는데 남성합창단이 2곡을 찬양하였다. 참석 교인은 약 1,200명이 되었으며, 모든 교인에게 김치국밥을 대접하며 선교활동을 많이 한다고 하였다.

 교회 건물은 중2층 현대식으로 넓은 식당과 부속 건물들을 건축하였고 주차장도 넓은 대지를 차지하여 잘 정리되어 있었다.

그리고 오후 4시에는 나침반교회(민경엽 목사)에서 전체가 출현하는 음악예배(남성합창단: 9곡, 여성합창단: 2곡, 콰이어 차임: 2곡, 테너독창: 1명, 바이올린: 1명)를 드렸는데 모든 순서마다 우레 같은 박수 소리와 함께 부르는 자나 듣는 자가 한마음 한뜻이 되어 다 같이 하나님께 큰 영광을 올려 드렸다. 참석 교인은 약 500명이 되었다. 교회는 단층 건물이나 아주 아담하게 잘 건축하였으며 주차장도 넓은 대지를 확보하고 있었다. 민 목사님은 어릴 적부터 찬양을 매우 좋아하셨다고 하면서 모든 문제를 찬양하면서 극복하셨다고 하였다.

7월 27일(월) 한국으로 귀국하는 1진(74명)은 LA 로스앤젤레스 공항으로 이동하고 2진(66명)은 2박 3일간 관광길에 오르고 그 나머지는 현지에서 각각 친지를 찾아가게 되었다. 2진은 모하비 사막을 가로질러 바스토우를 경유하여 4시간 30분 달려서 라스베이거스로 이동하였다. 그리고 라스베이거스 시내 관광 및 야경을 관광하였는데 올드타운 전구쇼장에는 5층 높이에 작은 전구를 가설하여 여러 가지 그림이 나타나게 만든 것과 공중에 굵은 쇠줄을 타고 두세 사람이 이동하는 모습은 보기가 좋았으며 이것을 한국의 LG 기술진이 만들었다고 하였다.

그리고 베네시언 호텔은 건물 안 5층 높이의 천장에 하늘과 새가 날아가는 모습을 그려 넣어 실제 하늘과 같이 느끼며 바라볼 수 있게 만들어져 있었다. 또한 사막 지역을 이렇게 화려한 도시로 만들었다는데 놀라움과 인공호수를 만들어 분수 쇼를 하는 모습도 보기에 좋았다. 이곳에는 서울의 하얏트 호텔보다 더 큰 호텔들이 10개 이상인데 호텔 1층은 카지노 게임기가 많이 설치되어 있고 호텔 식당도 있었다.

   7월 28일(화) 조식 후 신의 최후이자 최대의 걸작이라 불리우는 '그랜드 캐니언'으로 이동하기 위하여 사막 길을 5시간 달려갔다. 이곳은 신이 빚은 지상 최대의 조형물이라 불리며 죽기 전에 꼭 가 봐야 할 관광지 1위에 선정된 곳이라고 하였는데 우선 경비행장으로 가서 경비행기를 타고 관광을 하든지 I-MAX 영화관람을 하든지 선택하여 볼 수 있다.

   그리고 목적지에 도착하여 바라보니 과연 그 황홀한 장면은 모든 사람들을 감탄하게 하였다. 잠실 축구장의 2배의 넓은 땅이 평지보다 100m 깊이 아래로 흘러 들어가면서 만들어진 계곡은 여러 가지 기묘한 형태를 이루고 있었다. 이곳을 관광한 후 4시간 사막 길을 달려서 콜로라도 강변의 휴양도시 라플린으로 이동하였다. 사막 길을 가는 도중에 2개의 태양열 발전소가 있었는데 43만 평 대지 위에 태양열판을 설치하여 18만 가구가 사용할 수 있는 전기를 생산한다고 하였다. 또한 사막에 물만 공급하면 훌륭한 농토가 된다고 하였는데 강가의 넓은 곳이 푸른 초장으로 조성한 곳도 보였다.

   7월 29일(수) 조식 후 철도교통의 중심지인 바스토우로 경유하여 해군 장병들을 훈련하는 넓은 곳을 바라보면서 LA로 이동하였다.

7월 30일(목) 조식 후 LA 로스앤젤레스 공항으로 이동하였으며 오후 12시 30분 LA 공항을 출발하여 12시간 걸려서 7월 31일(금) 오전 5시 30분에 인천공항에 도착하였다.

이번 미주지역 연주회를 통하여 느낀 점은 미국은 하나님이 복주신 아름다운 나라이며 모든 자원이 풍부한 넓은 땅을 가진 나라이므로 이 나라에서 살고 싶다는 생각이 들 정도로 충격을 받게 되었다. 그리고 모든 국민들은 60세까지는 수입의 33%를 국가에 세금으로 납부하면 60세가 되면 국가에서 연금을 받게 되어 노후생활이 안정되어 있다.

그리고 도시 한가운데 오래된 건물들은 유럽식 건물처럼 이웃 건물과 간격을 두지 않고 건축되었는데 비상계단이 외부에 철판으로 조립되어 있었으며, 현대식 건물들은 이웃 건물과 충분한 공간을 두고 건축되어 있고 한국에서 볼 수 있는 아파트는 찾아볼 수 없고 시내를 벗어나면 200평 이상 대지에 주차장과 정원이 있는 전원주택들을 많이 볼 수 있었다.

동유럽(독일, 체코, 오스트리아, 헝가리) 해외 연주

　사단법인 솔리데오(이사장 정성길)는 장로합창단(단장 이익수, 지휘 석성환) 여성합창단(단장 박옥자, 지휘 홍권옥)을 중심으로 종교개혁 500주년 기념 역사현장 탐방 및 개혁 교회의 재출발을 염원하면서 제6회 솔리데오 해외 연주회를 지난 6월 2일부터 13일까지 9박 12일간 동유럽 지역(독일, 체코, 오스트리아, 헝가리)에서 개최하였다.

　제1회(2009년)는 중국(심양, 연길, 단동)에서, 제2회(2011년)는 호주, 뉴질랜드에서, 제3회(2013년)는 인도(델리, 첸나이)에서, 제4회(2015년)는 미국(뉴욕, 워싱턴, LA)에서, 제5회(2016년)는 베트남, 캄보디아에서 해외 연주회를 개최한 바 있다.

　이번 해외 연주회를 위해 5개월간 열심히 준비하여 2017년 6월 2일 영락교회 선교관에서 군선교연합회(고넬료회) 예배시간에 찬양하고 오후 11시 50분 장로합창단 55명, 여성합창단 31명과 가족 11명(합계 97명)이 인천공항을 출발하여 9시간을 날아서 두바이 공항에 도착하였다. 거기서 3시간 대기 후 다시 5시간을 날아서 독일 함부르크 공항에 도착하였다.

　독일의 수도는 베를린이고 인구는 8천72만 명, 종교는 신교 31%, 구교 32%, 이슬람교 4%이다. 함부르크는 독일 16개 연방주에 속하는 도시로 독일의 가장 큰 무역 항구도시이며 인구는 18만 명이다. 기온은 한국과 비슷하였으나 낮과 밤의 기온 차가 심하였고 시차는 7시간이 늦다.

첫째 날(3일) 오후 2시에 도착하여 시청 건물과 호수 주변을 관람하고 성 미하엘 교회의 웅장한 예술적인 모습을 감상하고 교회 옆 루터의 동상 앞에서 기념 촬영을 하였다. 도로에는 자전거 전용 도로 표시가 되어 있어 주의를 기울여야 했고 자동차는 소형차가 많았고 많이 이용하는 교통수단은 육상 전차(train)와 버스이다. 건물들은 이웃 건물 간의 간격이 없고 1층은 식당이나 창고로 사용하고 2층 이상이 생활하는 주거지이다. 호텔에서도 1층이 0층이고 2층은 1층으로 표시한다.

둘째 날(4일) 조식 후 어시장으로 이동하였는데 주일날은 오전 5시부터 9시까지만 판매를 하도록 국가에서 허락하였다고 한다. 큰 트럭을 개조하여 판매하는 진열대를 만들어서 어물들을 판매하는데 사람들이 다니기 힘들 정도로 손님들이 많았다. 그곳에서 3시간 달려서 베를린에 도착하였다. 차창으로 바라보니 산은 없고 광활한 농토(감자와 밀밭)와 우거진 숲은 한국에서는 느낄 수 없는 감동적 모습이었다.

동·서 베를린을 갈라놓았던 통곡의 벽을 둘러보며 한반도의 통일을 기도하고 화해교회에서 평화를 기원하는 즉흥 연주를 하고 오후에는 베를린 한인교회(조성호 목사)로 이동하였다. 오늘은 공교롭게도 한인교회연합회 창립기념 주일예배가 오후 4시부터 1부 감사예배와 2부 찬양으로 꾸며져 장로합창단이 3곡, 여성합창단이 2곡, 이어서 장로합창단이 다시 2곡을 하였다. 참석 인원은 300명 정도 되었고 한 곡이 끝날 때마다 우레 같은 박수갈채로 화답하였으며, 앙코르곡으로 남녀 합창단이 성도들과 함께 「고향의 봄」을 부를 때에는 눈물을 닦는 모습도 보였다.

셋째 날(5일) 조식 후 국회의사당(연방의회)을 방문하였다. 입장하여 건물 뒤쪽에 관광객을 위해 설치된 대형 엘리베이터로 옥상까지 올라가고 베를린 시내를 높은 곳에서 바라볼 수 있도록 원형으로 된 유리 돔 타워를 25도 경사로 걸어서 5층 높이까지 올라갈 수 있게 만든 원형 돔 가장 위층에서 관광객이 보는 가운데 'Dona nobis pacem'(주여 평화 내려 주소서)을 찬양하였다. 관광객들 중 따라 부르는 사람도 다수 있었다.

노래가 끝나자 우레 같은 박수갈채로 화답하였다. 거기서 베를린 장벽이 1.3km 남아 있는 곳에 이르니 장벽에는 화가들이 여러 모양의 그림이 그려져 있었고 한쪽은 강이 흐르는 곳이다. 그 장벽 옆에서도 'Dona nobis pacem'을 찬양하였다. 장벽 높이는 4m 정도이나 도시 중심지를 바둑판 쪼개듯이 장벽을 설치하여 현재 도로에는 그 흔적을 남기기 위해 4각형 돌로 길바닥에 표시한 곳도 있었다. 그리고 브란덴부르크문(개선문) 광장으로 이동하여 그곳에서도 'Dona nobis pacem'을 찬양하였다.

거기서 각각 크기가 다른 직사각형의 유대인 추모비가 있는 곳을 관람하고 카이저 빌헬름 교회로 이동하여 관람하고 그곳에서 장로합창단이 3곡을 찬양하였다. 그리고 도이체오퍼 오페라

극장에서 '차이코프스키 백조의 호수' 발레 공연(170분)을 감상하였다.

넷째 날(6일) 조식 후 비텐베르크로 이동(111km)하였다. 이곳은 루터가 95개 조항의 반박문을 걸고 종교개혁을 외친 곳으로 루터가 은둔하여 성경을 쓰던 곳이다. 그곳 루터 대학에서 종교개혁사 강의를 40분간 듣고 루터하우스 박물관(생가)을 관람하고 루터 동상이 있는 광장에서 장로합창단이 2곡, 남녀 합창단이 'Dona nobis pacem'을 찬양하였다. 광장에 모인 여행객들로부터 뜨거운 박수갈채를 받았다. 그 인근에 루터 무덤이 있는 캐슬 처치로 이동하여 내부를 관람하고 그 교회 옆에서 관광객들이 보는 가운데서 'Dona nobis pacem'을 찬양하였다. 이어서 라이프치

히로 이동하여 독일통일의 기폭제가 되었던 니콜라이 교회에서 파이프오르간 연주를 감상하고 울림이 좋은 그곳에서 우리도 통일을 염원하며 장로합창단이 3곡을 찬양하였다.

잠시 시내 관광을 한후 '바흐'가 음악단장으로 있었던 천년이 된 토마스교회의 앞마당 바하 동상 앞에서 'Dona nobis pacem'을 남녀 합창단이 함께 찬양하였다.

다섯째 날(7일) 조식 후 6시간 달려서 독일의 구시가지가 있는 드레스덴으로 이동(120km)하여 구시가지를 관람하고 츠빙거, 젬퍼오퍼 벽화, 성모교회를 관람한 후 체코 프라하로 이동하였다. 체코는 수도가 프라하이고 인구는 1천만 명이며 체코어를 사용한다. 종교는 가톨릭 39%, 프로테스탄트 4%, 무교 40%이다. 주변이 낮은 산들과 언덕진 곳이 많았다. 대중교통은 육상 train과 버스이며 자전거 전용도로가 있었다. 체코는 유럽의 무역 중심 역할을 하였다고 한다. 카를교 광장에서 'Dona nobis pacem'을 찬양하였고 그다음 날에는 잘츠부르크로 소금을 이동시키는 기지였던 너무나도 아름다운 작은 성으로 조성된 체스키크룸로프(오솔길) 광장에서 2곡을 찬양하였다.

여섯째 날(8일) 조식 후 오스트리아 비엔나로 이동하였다. 오스트리아는 BC1400-1700년 왕국정치가 600년간 지속되었다. 근대국가 성립은 1800년대 초에 오스트리아 제국으로 성립되었다.

수도는 빈(비엔나)이고 독일어를 사용하고 인구는 8백70만 명이

며 종교는 가톨릭 74%, 개신교 4.6% 이슬람교 4.3%이다. 비엔나는 특히 많은 음악가들(하이든, 모차르트, 베토벤 등)의 음악 도시이다. 비엔나는 케른트너 거리가 있다. 높고 웅장한 거리이나 옛 모습 그대로 잘 유지되어 있었다. 건물들은 모두 석조 고딕건물이며 바깥 기둥과 연결 부분에는 돌로 사람이나 짐승을 조각한 예술품을 첨가하여 화려하게 장식하였고 옥상은 둥근 돔 모양으로 뾰족하게 마무리 공사를 하였다. 도로는 옛날 그대로 사용하고 있어 버스가 들어갈 수 없어 목적지까지 하루에 만 보 이상 걸어서 가야 했다.

일곱째 날(9일) 조식 후 오스트리아에서 가장 큰 고딕건물 성 슈테판 대성당과 비엔나 구시가지를 관광하고 토마스교회와 비

엔나 시청과 음악가들의 묘지를 관람하였다. 그리고 쉰브룬 궁전, 마리 앙투아네트가 살던 마리아 테레지아의 22개 방을 둘러보았다. 그리고 정원을 관람한 후 오스트리아 개혁교회 기념행사장으로 이동하였다. 이날은 오스트리아의 기독교계(구, 신교 전체)가 금요일 철야로 모든 교회를 오픈하고 밤새 찬양하는 행사가 있고 거기에 우리가 초대된 것이다. 오후 8시부터 오르간 연주와 합창을 번갈아 구성한 연주에 여성합창단이 한복을 입고 2곡을 찬양하고 지역 어린이합창단이 2곡을 찬양하였다. 그리고 장로합창단이 4곡을 찬양하였다.

여덟째 날(10일) 조식 후 6시간을 달려서 헝가리 부다페스트로 이동하였다.(243km) 헝가리 수도는 부다페스트이고 헝가리 언어를 쓴다. 인구는 987만 명이며, 종교는 가톨릭 51.9%, 신교

15.9% 기타 32.2%이다. 896년에 최초 국가로 성립되었다. 도나우강이 부다 지역과 페스트 지역 사이 흐르고 있어 8개의 다리를 통하여 왕래할 수 있다. 오전에는 부다 지역을 관광한 후 오후에는 세체니 온천장에서 온천체험을 하였다. 일반 야외 온천장, 실내 온천장, 사우나실과 야외 수영장이 있었다. 그리고 인근에 있는 공원에 안익태 동상 앞에서 애국가를 합창하였다.

아홉째 날(11일) 오전 11시 부다페스트 장로교회(정채하 목사)에서 예배찬양으로 장로합창단이 2곡을 찬양하고 설교 후 헌금 시간에도 1곡을 찬양하였다. 그리고 예배 후 여성합창단이 한복을 입고 2곡을 찬양하였고 남녀 합창단이 앙코르곡으로 1곡을 찬양하였다. 오후에는 마차시 성당과 부다 왕궁을 관람하였다.

열째 날(12일) 귀국 준비를 하여 부다페스트 공항으로 이동하여 오후 4시 출발 4시간 날아서 두바이에 도착하여 3시간 대기 후 두바이공항 출발 9시간 날아서 13일 오후 6시에 인천공항에 도착하였다.

금번 해외 연주를 통하여 종교개혁 500주년 기념 역사현장 탐방과 개혁교회의 재출발을 염원하는 좋은 기회가 되었고 종교개혁자 루터와 음악의 아버지 바흐, 유서 깊은 신앙과 찬양의 뿌리와 예술 기행을 통한 영적 울림의 성숙도를 제고할 수 있었다. 특히 동유럽 현지 한인교회와 교회연합에서의 찬양 및 현지의 다양한 열린광장에서의 즉흥 연주회를 통한 문화교류로 하나님께는 영광을 돌리고 땅에는 평화를 전파하는 뜻깊은 연주회가 되었다고 생각된다.

러시아 및 북유럽 3국 해외 연주

사단법인 솔리데오(이사장 정채혁)는 장로합창단(단장 박행본, 지휘 석성환)을 중심으로 제8회 솔리데오 해외 연주회를 지난 6월 8일부터 19일까지 10박 12일간 러시아 및 북유럽지역(핀란드, 스웨덴, 노르웨이)에서 개최하였다. 그동안 제1회(중국: 심양, 연길, 단동), 제2회(호주, 뉴질랜드), 제3회(인도: 델리, 첸나이), 제4회(미국: 뉴욕, 워싱턴, LA), 제5회(베트남, 캄보디아), 제6회(독일, 체코, 오스트리아, 헝가리), 제7회(러시아 연해주지역) 해외 연주회를 개최해 왔다.

이번 연주회를 위해 5개월간 열심히 준비하여 출발일인 6월 8일 장로합창단 45명, 여성합창단 17명, 가족 13명 총 78명이 오후 1시 출발하여 서해 북녘을 지나 9시간 날아서 모스크바 공항

에 16시에 도착하여 델타 호텔(28층이고 1층에 90여개 방)에 짐을 풀었다. 현지 시간 오후 4시로 6시간의 시차가 있었다.

둘째 날(9일) 조식 후 모스크바 장로교회(박철주 목사)에서 10시 30분부터 1부 예배와 2부 솔리데오 연주회를 가졌다. 장로합창단(6곡), 여성합창단(2곡), 소프라노 김미현(1곡), 솔리데오 콰이어 차임(1곡) 후, 앙코르는 모두가 출현하여 '주여 평화 내려주소서'를 연주하였다. 한 곡 한 곡이 끝날 때마다 우레와 같은 박수로 화답하였다. 그리고 교회에서 준비한 식사를 맛있게 먹었다.

오후 2시에는 모스크바 신학교(총장: 강신원 목사)에서 찬양 2곡을 연주하고 신학교를 위해 합심기도회를 가졌다. 크렘린 궁전과 성모 승천사원 내부를 탐방하고 양파머리 모양의 바실리 사원에 둘러싸여 있는 붉은광장과 국영 굼 백화점을 탐방하고 모스크바역으로 가서 상트페테르부르크로 가는 야간열차를 탔다. 야간열차는 침대차로 복도가 있고 여러 개의 방(상하 4개의 침대)이 있고 맨 뒤쪽에는 화장실과 세면대가 있었다.

 셋째 날(10일) 조식 후 피터 대제의 별궁인 여름 궁전의 화려한 분수정원을 탐방하고 세계에서 세 번째로 큰 규모를 자랑하는 성이삭성당[높이 110m, 둥근 기둥(높이 14m)이 48개]을 거쳐 러시아가 스웨덴과 해전시 승리한 기념으로 세운 로스탈등대와 네바강을 따라 230m나 쭉 뻗어있는 황제들의 거처였던 겨울 궁전을 탐방하였다. 오후 7시 30분부터는 상트페테르부르크 장로교회(최영모 목사)에서 1시간 동안 연주회를 하였다.(연주회는 모스크바장로교회와 같음)

 넷째 날(11일) 조식 후 세계 3대 박물관 중의 하나인 에르미타시 국립박물관(1056개 방, 117개의 계단, 건물 지붕 위에는 170개가 넘는 조각상)과 예술의 광장, 넵스키 대로 등을 탐방하고 버스로 5시간 30분(387km) 달려서 핀란드 헬싱키에 도착하였다. 국경에서 양국의 출입국 수속을 하는데 1시간 30분 이상 소요되었다. 고속도로 양쪽은 키가 큰 적송나무와 자작나무 숲만 있고 산은 보이지 않았다.

 다섯째 날(12일) 조식 후 24톤의 강철 파이프를 이용한 파이프 오르간 모양의 기념비와 두상이 있는 시벨리우스 공원을 탐방하

고 그곳에서 찬양 2곡을 연주하였다. 그리고 벽면이 암석으로 되어 있고 내부에는 기둥이 없이 긴 시멘트 기둥들로 모아서 만들어진 둥근 지붕의 암석 교회(500석)에서 연주회를 1시간 하였다.(연주회는 모스크바장로교회와 같음) 그리고 핀란드인들의 삶의 현장인 마켓 광장을 탐방하고 항구로 이동하여 오후 5시에 SILJA LINE(12층 크루즈 관광선: 길이 203m, 폭: 31.5m, 정원: 2,852명) 선박에 탑승하였다.

여섯째 날(13일) 오전 6시 30분 갑판에 모여 선상 새벽 경건회를 1시간 드렸다.(인도: 강철순 장로, 기도: 이경철 장로, 전체 찬양 2곡, 설교 천성조 목사, 특송 2곡)

오전 9시 50분 스웨덴의 스톡홀름에 도착하였다. 북유럽 최고의 건축미를 자랑하는 시청사 내부를 탐방하고 스웨덴 왕실의 호화 전함 바사호가 전시된 바사박물관 내부와 구시가지의 중심인 감라스탄을 탐방하였다. 그리고 버스로 4시간 30분(310km) 달려서 칼스타드에 도착하였다. 오늘은 가끔 비가 오다가 햇볕이 나기도 하였다.

일곱째 날(14일) 조식 후 3시간 30분(221km) 달려서 노르웨이 수도 오슬로에 도착하였다. 노르웨이 예술가의 그림과 조각으로 장식된 시청사 내부를 탐방하고 세계적인 조각가 구스타프 비겔란 조각공원과 바이킹 배 박물관을 탐방하고 오슬로의 최대의 변화가인 카를 요한스 거리를 탐방하였다.

여덟째 날(15일) 조식 후 5시간(315km) 달려서 플롬에 도착하였다. 굉음을 내는 폭포들과 깊은 계곡 가파른 산으로 둘러싸인 플롬은 자연이 만들어내는 예술품으로 겨우내 수영과 스키를 즐기는 방문객들이 찾아드는 곳이다. 플롬에서 산악철도를 타고 해발 866.8m 지점에 위치한 뮈르달 역까지 20km 철로 따라 약 55분간 폭포 및 대자연을 바라보면서 특별한 경험을 느낄 수 있었다. 뮈르달 역 광장에서 연주(3곡)를 하였다. 그리고 40분(40km) 달려서 레르달에 도착하였다.

아홉째 날(16일) 조식 후 피요르드 페리 관광선을 탑승했다. 빙하시대에 빙하의 압력으로 깎여진 U자형 협곡으로 1시간 15분 정도 운항하는데 폭포는 북극의 오로라를 연상시킬 정도로 환상

적이었다. 피요르드 선상에서도 연주(4곡)를 하였다. 그리고 북유럽의 가장 큰 빙하인 요스테달 빙하 아래의 계곡에 세워진 빙하박물관을 탐방하고 게이랑에르의 칠자매 폭포를 관람하였다. 오후 7시에 호텔 식당에서 주일예배를 1시간 드렸다.(인도: 강철순 장로, 기도: 문영황 장로, 찬양 전체: 2곡, 설교: 천성조 목사)

열째 날(17일) 조식 후 동계올림픽이 열렸던 릴레함메르의 스키 점프대 옆에 설치된 리프트를 타고 정상까지 올라가서 주변과 점프 연습하는 장면을 관람하였다. 그곳에서 버스로 2시간 30분(168km) 달려서 오슬로 오페라하우스에 도착하였다. 오페라하우스 야외 공연장에서 연주(4곡)를 하였는데 많은 관중들로부터 우레와 같은 박수로 화답을 받았다.

열하루째 날(18일) 조식 후 호텔 앞 잔디공원에서 해단식 행사를 하였다. 이번 해외연주회의 경과 보고 및 격려와 인사, 총평 후 찬양 2곡을 연주하였다. 그리고 오슬로 공항에서 오후 1시 출발하여 2시간 35분 날아서 모스크바 공항에 도착하였다. 오후 8시 55분 출발하여 19일 오전 11시에 인천공항에 도착하였다. 금번 해외 연주회 기간 보고 느낀 것은 북유럽 3개국은 공기가 깨끗한 청정지역이며, 특히 노르웨이는 만년설로 물이 풍부하고 여러 가지 형태의 폭포수로 관광사업의 호조를 이루고 수력발전의 전기공급, 수도요금 무료, 목초 수출은 세계의 55%, 삼림 목재 풍부 등 자연 혜택을 많이 받는 나라라고 생각되었다. 이번 해외 연주행사가 계획한 대로 순적하게 진행되고 아무 사고 없이 무사히 귀국할 수 있도록 좋은 일기와 모든 일에 도와주신 하나님께 감사를 드린다. 그리고 이번 행사를 위해 물심양면으로 도움을 주신 분과 모든 일을 준비하느라고 수고하신 준비위원들에게도 감사를 드린다.

베트남, 캄보디아 선교 찬양

사단법인 솔리데오(하늘영광 땅에평화)의 남성중창단(이사장: 정성길, 단장: 박남필, 지휘: 석성환)을 중심으로 해외 선교 찬양을 위해 구성한 33명의 남성합창단은 2016년 11월 9일 오전 8시 인천공항을 출발하여 5시간 날아서 베트남 호치민 공항에 도착하였다. 그곳은 겨울 날씨라고 하는데 섭씨 26도이고 시차 2시간이 늦은 오전 11시였다. 수도 하노이는 북쪽에 있고 호치민은 가장 남쪽에 있으며, 전체 인구는 9,300만 명인데 호치민은 1,000만 명이다. 거리에는 오토바이와 자동차가 함께 어울려 밀물처럼 빽빽이 도로를 가득 메워 달리고 있는 모습은 다른 나라에서는 보기 힘든 장면이다.

　오후에는 노트르담 성당과 중앙우체국을 관람하였는데 노트르담 성당 앞 기념탑에서 한 쌍의 신혼부부가 너울을 같이 쓰고 포옹을 하고 있는 모습이 보기에 좋았다. 그리고 뉴 퍼시픽 호텔에서 여정을 풀었다.

　제2일(11/10)에는 호치민 시내 관광과 2시간을 달려서 메콩강으로 갔다. 가는 도중에 차창 밖으로 바라보니 벼농사를 2모작한다고 하는데 산은 없고 끝없이 농장만 보일 뿐이고 논 가운데나 모퉁이에 가족묘들이 여기저기 보였다. 그곳에서 유람선을 타고 우리 일행은 메콩강을 건너가서 열대 늪 속에서 2인이 앞뒤에서 노를 젓는 4인용 소형 보트를 타고 200m 노를 저으며 주위를 바라보면서 즐거운 시간을 가졌다. 그리고 또다시 유람선을 타고 강을 건너오면서 강 주위를 관람하였다. 거기서 2시간 달려서 호치민 시내 사이공 강에서 대형 유람선(2층)을 타고 선상에서 저녁 식사와 선박에서 가수들의 노래와 춤과 마술을 관람하면서 2시간 동안 이동하면서 선상에서 호치민 시내 야경을 바라보며 즐거운 시간을 보냈다.

제3일(11/11) 조식 후 3시간을 달려서 월남전 당시 월맹군들이 대피소로 사용하였던 구찌에 도착해서 숲속에 있는 많은 땅굴과 적병이 함정에 빠져 죽게 하는 곳과 사격장을 관람하였고 몇 사람은 좁은 땅굴 속으로 기어들어 가서 약 50m를 기어가서 다른 출구로 나오는 체험도 하였다. 그곳에서 1시간 달려서 호치민 신도시 지역에 있는 참조은 광성교회(담임:문병수 목사)에서 오후 7시 30분에 1시간 동안 찬양을 하였는데 우리 합창단이 3곡 2회, 앙코르 2곡을 찬양하였고 소년소녀찬양대와 여성찬양대가 찬조 출연하였다. 교인은 약 250명이고 모든 순서마다 우레와 같은 박수와 갈채를 받았으며 하나님께 크게 영광을 올려 드렸다.

제4일(11/12)에는 오전 7시에 호텔에서 출발 2시간 달려서 도착한 호치민 국경에서 캄보디아로 가기 위해 육로를 통한 출국 수속과 입국 수속을 하는데 1시간 30분이 소요되었다. 그곳에서 국경을 넘어 캄보디아로 3시간을 달려서 프놈펜 시내 중심에 있는 프놈펜국제예술대학(PPIIA) 입학식 행사에서 3곡을 찬양하였다.

동 대학의 이사장은 솔리데오 장로합창단원인 민성기 장로이고 총장은 사모 이찬해 권사이다. 이들 부부는 2010년 12월에 캄보디아에서 평생토록 선교사로 사역하기로 결심하고 프놈펜 변두리공장지대 아파트 단지에 150평의 건물을 구입하여 유치원을 개원해서 어린이 교육을 하고 있고 2013년 4월에 프놈펜 시내 중심에 200평의 땅을 구입하여 본 프놈펜국제예술대학 9층 건물을 건축하여 6층은 연주홀 또는 외국인 예배실로 사용하고 나머지 각층에서는 피아노, 미술, 봉재 교습실 등으로 사용하고 9층 옥상은 성막과 예배실로 사용하고 있다. 그리고 랜드 스캐이프 호텔에서 여정을 풀었다.

제5일(11/13) 오전 6시 30분에 새생명교회(현지인)에서 예배시간에 2곡을 찬양하였는데 교인은 약 1,500명이 되었다. 10시에는 외국인예배(PPIIA 6층) 시간에 2곡을 찬양하였는데 교인은 약 200명이 되었다. 11시에는 한인교회인 프놈펜 제일교회(감리교, 담임: 윤종철 목사)에서 예배시간에 3곡을 찬양하였는데 교인은 약 300명이 되었다. 그리고 오후에는 감리교 신학대학으로 이동하여 3층 강의실에서 26년 전에 프놈펜에 파송된 송진섭 선교사로부터 지금까지 선교사역한 내역과 실정을 듣고 그곳에서 2곡을 찬양하였다.

제6일(11/14) 오전 8시에 출발 1시간 30분을 달려서 프놈펜 수도방위사령부에 도착, 사령관을 접견하고 월요일 오전 시간임에

도 불구하고 대강당에서 군인 약 500명이 참석한 가운데 수방사 부사령관과 솔리데오 이사장 정성길 장로의 인사와 사단법인 솔리데오의 장로합창단 사역에 대하여 설명한 후 9곡을 찬양하였는데 1곡이 끝날 때마다 청중들로부터 우레와 같은 박수와 갈채를 받았다.

그리고 민성기 장로가 운영하는 엘드림 국제학교로 이동하였다. 150평의 건물 2층을 개조하여 많은 인원이 참석할 수 있는 옥상 연주홀을 만들었는데 그곳에서 3곡을 찬양하였다. 청중은 유치원 어린이와 교사들과 가족들이 모였고 점심식사를 함께하였다.

제7일(11/15) 오전 8시에 장로교 신학대학 강당에서 뮤지컬 「모세」를 공연하는 자리가 있었는데 열정적인 찬양과 기도를 드리는 모습은 너무나 진지하고 뜨거운 느낌을 받았다. 모두 신발을 벗고 들어가는 공연장 안이 약 300명으로 꽉 메워져 앉을 자리가 부족하였다. 그곳에서 2곡을 찬양하고, 바로 근처에 있는 헤브론 병원으로 이동하였다. 헤브론 병원은 2007년 9월에 개원하였고 2014년 8월에는 심장센터도 개설하여 연간 5만 명 이상의 환자를 진료한다고 하였다. 진료비는 무료이므로 많은 환자들이 4시간 이상 기다리는 그 시간에 찬양도 하고 전도 활동도 한다고 하였다.

2층 예배실에서 환자들과 간호사들 약 50명이 참석한 가운데서 3곡을 찬양하였다. 오후에는 2시간 달려서 옥토선교센터로 이동하였다. 여름성경학교가 한창 진행 중이었는데 유치부부터 청년부까지 모두 약 200명이 한곳에 모인 가운데서 모두 일어서서 찬양과 율동을 열심히 하고 있었다.

그곳에서 남성합창단 7곡(3곡:2회, 앙코르 1곡)을 찬양하였으며 함께 동행한 가족 몇 분과 함께 구성한 혼성중창팀 1곡도 찬조 출현하였는데 모든 순서마다 힘찬 박수와 갈채를 받았으며 하나님께 크게 영광을 올려드렸다. 그리고 백화점을 관람하고 공항으로 이동하여 출국 수속을 마친 후 오후 12시 항공편으로 출발하여 16일 오전 7시에 인천공항에 도착하였다.

캄보디아는 불교가 국교인데 타종교에 대하여 간섭을 하지 않고 있어 선교하기에 좋은 나라라고 생각되었으며, 산은 보이지 않았고 벼 농사를 2모작 또는 3모작을 하며, 도심지역은 개발이 계속 추진되고 있었으나 농촌지역은 낙후되어 아직도 트럭에 사람을 태우고 가는 것을 보았다.

이번 '솔리데오 베트남/캄보디아 선교 찬양'을 통하여 후진성을 면치 못하는 동남아 이웃 나라들에 대하여 교육선교가 얼마나 중요한지를 일깨워주는 귀한 자리가 되었으며 특히 캄보디아는 우리나라 다음으로 아시아국가 중에서 가장 선교를 통한 복음화의 보고라는 강렬한 인상을 받게 되었다.

2

국내편

현충사

　산에는 진달래와 철쭉꽃으로 붉게 물들어 있는 화창한 봄 날씨에 햇살도 따뜻함을 마음껏 누리는 쾌감을 주는 기분이 매우 상쾌한 날인데 오류동교회 경로대학에서 현충사로 소풍을 갔다. 현충사는 매우 오래간만에 찾아갔는데 넓은 부지에 여러 종류의 나무들과 잡초를 찾아볼 수 없도록 잔디는 잘 가꾸어져 있었다. 공교롭게도 오늘 4월 28일이 이충무공의 470회 탄신 기념일이었다. 그래서 정문 앞 광장에서는 풍물놀이를 하고 안쪽에 있는 궁터에서는 대통령기 전국시도대항 궁도대회를 개최하고 있었다.
　현충사는 충무공 이순신 장군의 영정을 모신 곳으로 1932년 민족 성금으로 중건된 구 현충사를 이전하고 1966년부터 1974

년까지 충무공의 위업을 기리고자 고 박정희 대통령의 지시로 성역화 사업을 시행하였다. 묘소는 이곳에서 9km 떨어진 아산시 음봉면 어라산에 위치하고 있다.

이곳 백암리 방화산 기슭은 충무공 이순신(1545-1598) 장군이 혼인하여 살던 옛집과 충무공을 기리는 사당이 있는 곳이다. 그는 이곳에서 십 년간 무예를 연마하여 32세에 무과에 급제하였다. 충무공이 순국하신 지 108년이 지난 1706년 이곳에 충무공의 넋을 기리기 위하여 사당을 세웠으며, 1707년 숙종 임금이 현충사라고 불렀다. 1945년 광복 후 매년 4월 28일에 온 국민의 뜻으로 탄신 제전을 올려 충무공을 추모하여 왔다. 그리고

2008년부터 2011년까지 현충사 유적 정비 사업을 통해 충무공 이순신 기념관을 정문에서 들어가는 좌측에 건립하였는데 건물의 절반은 흙으로 덮어 잔디밭으로 비스듬하게 되어있다.

이충무공은 어려서부터 전쟁놀이를 좋아했다. 마을 아이들과 어울려 놀 때면 언제나 대장이 되어 손위 아이들까지도 잘 이끌어 나가는 역량을 보였다. 일찍부터 호걸스럽고 불의에 굽히지 않는 천성을 가지고 있었다고 한다. 충무공의 나이 28세 때 처음으로 무사선발 시험에서 말을 달리다가 말이 갑자기 거꾸러진 탓으로 왼쪽 다리뼈가 부러졌다. 그러나 충무공은 한 발로 일어서서 곁에 있는 버드나무 가지의 껍질을 벗겨 부상당한 다리를 처맨 다음 다시 말을 달려 보는 사람들로 하여금 그 기지와 용기를 감탄케 하였다.

또한 함경도에서 초급무관 시절에 어느 날 오랑캐들이 큰 떼를 지어 쳐들어 왔을 때 겨우 10여 명의 군사를 거느리고 이리 떼 같은 오랑캐들을 물리쳤으며 놈들의 뒤를 쫓아 포로가 되었던 우리 동포 60여 명을 구출해 내었다고 한다. 그리고 충무공은 부모에 대한 효성이 지극하였다. 전장 중에서도 어느 날이나 홀로 계시는 어머님을 잊지 못했다. 난중에 충무공이 어머님을 찾아 겨우 하룻밤을 지내고 이튿날 아침에 하직을 아뢰었을 때 어머님은 "잘 가거라 어서 가서 나라의 욕됨을 갚아라" 하고 조금도 슬픈 빛을 띠지 않았으니 과연 그 어머니에 그 아들이었다. 그 후 충무공은 전라좌수사가 되어 여수로 내려간 직후, 즉 임진왜란이 일어나기 1년 전부터 거북선을 구상하여 그 제작에 착수했다.

『난중일기』에는 다음과 같은 글이 적혀 있다. '4월 13일에 왜군이 부산진을 습격하였을 때는 이미 그의 전쟁준비는 완료되어 있었다. 1592년 9월 1일 새벽에 그는 전 함대 166척을 이끌고 부산 앞바다에 몰려있는 470여 척의 왜선 중 100여 척을 격파하였다.'

여기서 충무공이 삼도 통제사 시절에 지은 시를 소개한다.

"한산섬 달 밝은 밤에 수루에 혼자 앉아 큰 칼을 옆에 차고 깊은 시름 하는 차에 어디서 일성호가는 남의 애를 끊나니"

이 한산섬 시조는 문무를 겸비한 충무공의 가장 널리 알려진 문학 작품이다.

그러나 충무공은 1597년 2월 26일 억울한 죄수의 누명을 쓰고 서울로 잡혀가 옥에 갇힌 지 28일 만에 백의종군의 명을 받고 계급 없는 군졸로서 다시 싸움터로 나가게 되었다. 충무공은 통제사로 재임명 받아 명량해전에서 불과 13척의 배를 가지고 130여 척이나 되는 왜선을 섬멸하였다. 그런데 충무공은 1598년 11월 19일 새벽 노량대해전에서 적의 유탄이 공의 왼편 겨드랑을 관통하고 말았다. 충무공은 "방패로 내 앞을 가려라 적이 내가 죽는 것을 못 보게 해라", "지금 싸움이 한창 급하니 나의 죽음을 알리지 말라" 이 두 마디를 남기고 향년 54세로 장렬한 최후를 마쳤다. 충무공이 전사한 후 충무공의 유해는 마지막 수군진영이었던 고금도로 모셔졌다가 다음해 2월 아산의 금성산으로 옮겨졌다. 그 뒤 1614년에 지금의 어라산 기슭으로 이장하였다.

오늘 경로대학 소풍은 반별로 담당 선생님들이 인솔하여 자유스럽게 산기슭 숲속에서 걷기도 하고 나무 그늘 밑에서 나무에서 발산하는 몸에 이로운 피톤치드 좋은 공기를 만끽하기도 하며 아름다운 꽃나무 앞에서 사진도 촬영하였다. 또한 활쏘기 대회장도 관람하고 풍물놀이도 관람하면서 기쁘고 즐거운 시간을 보냈다.

포항, 울릉도, 독도

(사)솔리데오와 CTS포항지사가 주최하는 포항, 울릉도, 독도에서의 나라사랑 찬양선교를 위해(5월 15일-5월 18일, 3박 4일) 총원 155명(장로합창단: 89명, 여성합창단: 35명, 아가페앙상블: 15명, 가족: 12명, 기타: 4명)이 버스 4대로 2019년 5월 15일 오전 8시 30분 영락교회를 출발하여 3시간 30분을 달려서 포항 구룡포 호미곶 강사교회에 도착하였다. 맛있는 회비빔밥으로 점심 식사를 하고 해변을 관광한 뒤 호미곶 해맞이광장에서 찬양 2곡을 CTS 방송 녹화를 하였다. 포항 장성교회에서 포항 시민을 위한 음악예배를 오후 7시 30분부터 1시간 30분간 하나님께 올렸다.

포항장성교회 박석진 담임목사의 기도로 시작하여 장로합창단

(4곡), 여성합창단(3곡), 남성찬양단(2곡), 콰이어 차임(2곡), 아가페 앙상블(1곡), 소프라노 황인자(1곡)가 찬양을 하였는데 한 곡 한 곡 끝날 때마다 우레와 같은 박수갈채를 받았다. 그리고 앙코르 곡으로 장로합창단과 여성합창단이 함께 「주여 평화주소서」를 불렀다. 그리고 숙소(릴리 게스트하우스)에서 여정을 풀었다.

  5월 16일 오전 8시에 영일대 해수욕장 특설무대에서 초청 가수의 찬양을 감상한 후 도보로 포항여객터미널로 이동하였다. 울릉도행(썬플라워호)에 승선하여 오전 9시 50분에 출발한 후 3시간 10분 달려서 울릉도 도동항에 오후 1시에 도착하여 따개비 국수로 주린 배를 채웠다. 그리고 울릉도 산 중턱에 위치한 숙소(라페루즈 리조트)에서 연주복을 갈아입고 울릉 한마음회관에서 오후 7시 30분부터 울릉 군민을 위한 음악회를 1시간 30분간 개최하였다. 장로합창단(6곡), 남성찬양단(2곡), 콰이어 차임(2곡), 아가페 앙상블(1곡), 소프라노 황인자(1곡)가 공연하였는데 연주가 끝날 때마다 우레와 같은 박수갈채를 받았다. 그리고 앙코르곡으로 장로합창단과 여성합창단이 함께 온 세상과 이 땅의 평화를 위해 「주여 평화주소서」를 불렀다.

5월 17일 장로합창단과 여성합창단은 상의는 흰색 티셔츠, 하의는 검정색 바지를 갈아입고 오전 8시부터 12시까지 울릉도 순환도로를 이용한 울릉도의 천혜의 비경을 체험하는 관광코스를 따라 4시간(도동-사동-남양-태하-천부-나리분지-도동) 동안 관광을 하였다. 잠시 휴식을 취한 후 오후 3시 40분 독도행에 승선하여 오후 5시 10분 독도에 접안, 광장에서 경비대 및 관광객을 대상으로 장로합창단이 「나의 사랑 독도야」(임긍수 작곡작사)를 부른 후 여성합창단과 함께 「참 아름다워라」로 하나님을 찬양하였다. 그리고 다시 승선하여 울릉도 도착하여 저녁 식사를 하고 같은 숙소에서 피로를 풀었다.

5월 18일 오전에는 도동 둘레길 산책과 유람선 관광 등 선택 관광을 하고 오후 2시에 포항행에 승선하였는데 울릉도로 갈 때에는 파도가 잔잔하였는데 포항으로 돌아오는 길에는 비도 오고 파도가 약간 심하였지만 다행히 아무 사고 없이 오후 6시에 포항에 도착하였다. 오후 6시 10분에 버스로 출발하여 서울에 오

 후 10시 20분에 모두들 도착하여 해산하였다.

　금번 나라 사랑 찬양선교 행사가 진행되는 동안 CTS 포항 지사장 이하 모든 직원들이 안내와 진행에 큰 도움을 준 것에 대하여 감사를 드리고 특히 이번 행사 후 며칠 동안 파도가 심하여 선박이 출항하지 못했다는 뉴스를 접했는데 이번 찬양선교행사가 계획한 대로 순적하게 진행되고 아무 사고 없이 무사히 귀가할 수 있도록 좋은 일기를 주신 하나님께 감사를 드린다. 그리고 이번 행사를 위해 물심양면으로 도움을 주신 분과 모든 일을 준비하느라고 수고하신 준비위원들에게도 감사를 드린다.

김좌진 장군과 윤봉길 의사

지난 11월 4일에 평신도교육대학원 13기 동문회(회장: 안상철 장로)가 서산 지역으로 야외 나들이를 갔다. 날씨는 맑고 화창한 가을 날씨였다. 회원과 가족 38명이 강변역 앞을 오전 9시 출발하여 경부 고속도로와 서해안 고속도로를 경유하여 차량이 많아 지체되어 12시에 서산교회에 도착하였다. 서산교회는 진입로는 좁았으나 교회 대지는 예비군 훈련장을 모두 매입하여 넓었으며 본당의 의자는 연결과 분리가 가능한 현대식 의자였다.

도착예배를 드린 후 현대건설 정주영 회장님이 폐선을 이용하여 방조제 공사를 하여 넓은 토지를 조성한 간척지의 방조제 한 가운데에 있는 간월도 바다횟집에서 주린 배를 채웠다. 오후에

는 김좌진 장군의 사당을 찾아갔다. 김 장군은 1889년 11월 24일 충남 홍성군 갈산면 행산리에서 출생하셨다. 17세 때에 장군의 노비를 해방시키고 무상으로 땅을 나누어 주었다. 그리고 80칸이나 되는 집을 학교 교사로 내어주고 장군 자신은 현재의 생가지로 이사하여 살았다. 장군의 집터는 지금까지도 갈산고등학교의 부지로 이용되고 있다.

또한 1907년에 호명학교라는 사립학교를 설립하여 신 교육으로 구국계몽 운동을 실시하였고 1920년에는 독립전쟁 사상 최대의 승리로 꼽히는 청산리 전투에서 일본군을 대파하는 전승을 거두었으나 1930년 1월 24일 공산주의자가 쏜 총탄에 맞아 41

세에 순국하셨다. 장군의 독립운동 정신을 후세에 길이 전하고자 생가에서 300m 떨어진 이 사당에서 매년 추모제를 지내고 있다.

  그리고 윤봉길 의사 기념관(충남 예산군 덕산면 덕산온천로)을 찾아갔다. 윤 의사는 1908년 충남 예산군 덕산면에서 출생하였다. 윤 의사는 1929년 잔혹한 일제의 통치를 풍자한 '토끼와 여우' 학예회를 열어 일제에게 곤욕을 치르고 계속 감시와 조사를 받게 되었다. 조국의 독립이라는 위대한 사랑을 이루고자 망명을 결심하고 1930년 3월 6일 '장부출가생불환(丈夫出家生不還)'이란 글을 남기고 중국으로 망명했다. 신의주 단동을 거쳐 청도에 도착했다. 그곳에서 상해로 가기 위한 여비를 만들기 위해 일본인 세탁소에서 1년간 일했다. 그리고 1931년 5월 최종 목적지인 상해에서 김구를 만나 4월 26일 한인 애국단에 입단했고 윤 의사는 김구와 1932년 4월 29일 거행할 홍커우공원 의거에 대해 논의하고 폭탄 사용방법 등을 배웠다.

일제는 상해 사변 승전 축하 기념식과 일본 왕 히로히토의 생일 기념식인 '천장절 행사'를 홍커우공원에서 성대히 거행하였다. 아침 일찍 현장에 도착한 윤 의사는 기념식이 거의 끝나갈 무렵 어깨에 메었던 수통형 폭탄을 기념식 단상으로 던졌다. 단상에 서 있던 상해파견 일본군 사령관 시라카와 요시노리 외 6명은 모두 쓰러졌다. 가와바타 사다쯔구 상해 일본거류민단장은 다음 날 사망하고 시라카와는 5월에 사망하였다. 그리고 나머지 사람들도 모두 중상을 입었다.

윤 의사는 의거 직후 현장에서 붙잡혀서 상해 파견 일본군 군법회의에서 사형 선고를 받고 1932년 12월 18일 일본 가나자와 육군 형무소로 이감되었다가 1932년 12월 19일 일본 가나자와시 교외에 위치한 일본 육군 공병작업장에서 한참 일할 나이인 25세에 총살형으로 거룩한 순국을 하셨다. 그 후 1946년 3월 6일 유해가 발굴되어 부산을 거쳐 서울운동장에서 1946년 7월 7일 최초로 국민장이 거행되었으며 효창공원에 안장되었다.

금번 평신도교육대학원 13기 동문들의 야외 나들이는 서산까지 가는 도중에 버스 안에서 각자의 현황과 장기자랑 등 이야기를 나누면서 친교를 잘 하였으며, 조국 독립을 위해 몸 바쳐 순국하신(김좌진 장군과 윤봉길 의사) 두 분을 생각하니 크게 감명을 받은 시간이었다.

명성황후 생가 유적지

 오늘은 수필의 날(7월 15일)로, 무더운 날씨에도 불구하고 한국수필문학가협회 회원(60명)이 관광버스와 소형차로 오전 9시 30분 서울 압구정역에서 1시간 달려서 경기도 곤지암 도자공원에 소재한 경기도자박물관(廣州)에 도착하였다.
 오전에는 세미나실에서 진행도니 1부 개회식에서 강석호 회장님의 인사와 참석자 소개가 있었고 2부 주제 발표와 질의 토론 시간 등 1시간 30분 동안 세미나를 개최하고 도자기 박물관을 관람하였다. 오후에는 여주시 능현동에 소재한 명성황후 생가 유적지를 찾아갔다. 이곳 녹산은 조선왕조 26대 고종황제의 명성황후 민씨께서 불공대천의 원수 왜적의 손에 처참하게도 순국

하신 곳이다. 안중근 의사가 이등박문을 처단한 첫째 이유가 왜적의 손에 의하여 고종황제의 명성황후를 살해한 것 때문이라고 하였는데 이곳에 와서 억울하게 살해한 내용을 알고 보니 과연 그 이유를 알 수 있었다.

　명성황후의 생가는 본래 명성황후의 6대 조부인 인현왕후 아버지 민유중의 묘소 관리를 위해 1687년에 지어진 묘막이다. 민유중의 직계 후손인 민치록은 조상의 묘를 관리하며 이곳에서 살다가 1851년 11월 17일 부인 한산 이씨와의 사이에서 명성황후(민자영)를 낳았다. 명성황후께서는 대대로 훌륭한 가문인 여흥 민씨로 비록 8살 때 아버지를 여의었지만 현숙한 어머니의 가르침 아래 손색없는 양가의 규수로 성장할 수 있었다.

고종 3년인 1866년 3월(음력) 친척이었던 흥선대원군 부인의 추천을 받아 16세에 왕비로 책봉된 황후께서는 지나치도록 총명 영리하신 여걸이셨다. 황후가 되신 후에 항상 춘추좌전을 공부하여 정치와 역사를 연구하셨다. 그리고 고종 임금을 내조하면서 본격적인 조선왕조의 근대화 작업에 착수하였다. 청나라에 영선사를 보내어 서구 유럽과 이웃나라의 선진 문물과 기술을 배워오게 하였으며, 1882년 영국과 미국에 문호를 개방하였고 1886년 프랑스와 수교 이후 개신교의 포교가 허락되었으며, 1887년 최초의 여성교육기관인 이화학당의 이름을 하사하는 등 많은 노력과 업적을 이루었다.

1894년 동학농민 전쟁을 계기로 일어난 청일전쟁에서 승리한 일본이 경복궁을 점령하면서 개혁을 구실로 우리나라의 왕권과 국권을 침해하기 위해 혈안이 되어 있을 때 이를 견제하기 위한 방안으로 이이제이(以夷制夷: 적으로 적을 치게 함)라는 뛰어난 국방정책을 펼쳐 외교관계가 급진전을 보였다. 이에 당황한 일본은 마침내 1895년 10월 8일 새벽에 왜인 폭도들은 총칼을 휘두르며 무엄하게도 궁성을 포위하고 건청궁에 침입하여 황후를 살해한 후 다시 이불에 옥체를 싸서 이곳에 옮겨 놓고 석유에 불을 질러 시신마저 없이 하여 흔적조차 없게 했다.

이와 같이 무참하게 시해하는 만행을 저질렀으며 명성황후는

45세의 나이로 파란만장한 생을 마감했다. 아아, 하늘도 무심하다. 인류 역사상에 어찌 이러한 만행이 있으랴. 항상 동양 평화를 가장하는 저들이 전쟁도 아닌 터에 남의 나라 궁중으로 쳐들어 와서 국모를 시해하는 일이 있을 수 있는가. 옛일을 생각하면서 이곳 녹산에 오르니 주먹으로 가슴을 쳐 울분하면서 세계 만방 역사 속에 어찌 이 같은 통분할 일이 있으랴. 우리 겨레 모두는 천만년이 지나도 이 한을 잊을 수 없다. 마침내 우리 국모를 시해한 후에 이등박문은 을사조약을 강제로 체결해서 우리나라의 외교권을 박탈했고 다섯 해 후에는 경술합방을 선포하여 마침내 망국의 비운을 당하게 되었다. 만약 명성황후께서 왜적의 손에 시해되지 아니했더라면 당시의 우리나라 형세는 크게 달라졌을 것이라고 생각된다. 이상의 내용을 알고 보니 우리들은 하루속히 우리의 힘으로 세계 제일의 부국강병의 나라를 이룩해야 하겠다는 마음이 더욱 간절하게 느껴졌다.

춘천 삼악산

오늘은 환경녹색선교단에서 춘천 삼악산에 새로 개통한 춘천 삼악산호수케이블카를 탑승하기 위해 단원 20명이 서울 역사문화공원역에서 오전 8시에 대형 버스로 양양 고속도로를 경유하여 2시간 30분 달려서 춘천삼악산호수케이블카 정류장(춘천시삼천동392-10)에 도착하였다. 춘천삼악산 호수케이블카는 삼천동에서 의암호를 가로질러 삼악산을 연결하는 총 길이가 3.6km이므로 국내 최장의 케이블카이다.

공사 기간은 2년 4개월(2019. 5~2021. 9)이 걸렸으며, 공사비가 550억 원이 소요되었다고 한다. 지주가 7개이고 정류장이 2개이다. 그리고 6인이 탑승하는 캐빈이 모두 66개인데 그중에 20개

는 바닥이 투명한 붉은색 캐빈은 아름다운 의암호와 삼악산의 풍경을 한층 더 즐기게 되어있다.

 이용 시간은 오전 9시부터 오후 6시까지이고 탑승 요금은 대인(왕복 23,000원, 편도 19,000원) 소인(왕복 17,000원, 편도 13,000원)이며, 춘천 시민 30%, 경로 20%, 단체 10% 할인된다.

 춘천 삼악산은 강원도 기념물 제16호로 높이는 655m이고 주봉(主峰)은 용화봉이다. 용화봉(655m)과 함께 청운봉(546m), 등선봉(632m) 모두 3개이므로 삼악산이라는 이름이 붙었으며, 3개의 봉우리에서 뻗어 내린 능선이 암봉을 이룬다. 산의 규모가 크거나 웅장하지는 않지만 경관이 수려하고 기암괴석으로 이루어져 있어 많은 등산객이 찾는다.

춘천 의암호는 춘천시 서면 덕두원리와 신동면 의암리 사이의 협곡에 의암댐을 만들면서 형성된 인공호수이다. 타원형 호수는 춘천시 및 삼악산의 풍치와 잘 조화되어 인공호라기보다 자연호의 정취이다. 4계절을 통하여 일정한 수위(水位)를 유지하는 의암호는 호반의 삼천리 유원지를 비롯하여 호수 안의 중도와 위도 등 관광 유원지가 있다.

그런데 오늘은 개통한 지 2개월 이내이고 주말이라 탑승자가 너무 많아 탑승권 구입하는데 1시간이 걸렸고 탑승 예정 시간은 오후 4시라고 하였다. 그리하여 점심 식사 후 춘천시 외곽에 있는 관광지를 찾아갔다.

의암호 외곽도로를 달리면서 주변을 관광하면서 신숭겸 장군 묘역을 찾아갔다. 이 묘소는 원래 태조 왕건이 자신이 죽은 뒤 묻히기 위해 찾아 놓은 명당이었으나 자신을 대신해 희생한 신숭겸 장군에게 묫자리를 양보해 장군의 시신을 묻었는데 왕건이 후백제 견훤의 군대와 싸움에서 적군에게 포위되어 위급해지자 신숭겸 장군은 왕건의 옷으로 갈아입고 변장하여 싸우다가 전사하였는데 적군은 신숭겸 장군의 시신을 왕건의 시신으로 오해해 그의 목을 베어갔다.

그래서 왕건은 황금으로 신숭겸의 머리를 만들었는데 묻은 묘의 도굴을 막기 위해 분봉을 3개 만들었다고 한다. 그리고 박사를 198명이나 배출했다는 박사 마을을 경유하여 소양강댐으로 찾아갔다, 소양강댐은 우리나라에서 저수량이 가장 많고 수력발전도 한다. 그곳에서는 시간이 없어 외곽만 둘러보고 춘천 삼악산호수케이블카 탑승장으로 되돌아왔다.

그곳에서 케이블카를 타고 등선봉과 청운봉을 통과하면서 3개의 봉우리에서 뻗어 내린 기암괴석을 바라보고 멀리 춘천시 전체와 의암호 전체를 바라보며 풍경을 즐기면서 오늘 하루를 뜻 있는 하루였다고 느끼게 되었다.

정상인 용화봉에서 하차하여 15분 동안 춘천시와 의암호 전체를 또다시 바라보면서 기념사진도 촬영하고 주변을 관광하고 다시 케이블카를 타고 하산하였다. 그곳에서 자동차에 올라서 귀경하였는데 도중에 귀경하는 자동차가 주말이라 너무 많아 일부는 전철로 귀가하는 회원이 많았다.

오늘은 정말로 춘천시 주변을 모두 관광하는 좋은 기회가 되었다고 생각된다.

경기도자박물관

　오늘은 수필의 날(7월 15일) 무더운 날씨에도 불구하고 한국수필문학가협회 회원(60명)이 관광버스와 소형차로 오전 9시 30분 서울 압구정역에서 1시간 달려서 경기도 광주시 곤지암읍에 소재한 경기도자박물관(廣州)에 도착하였다. 오전에는 세미나실에서 『수필문학』 하계세미나가 있었다. 그리고 경기도자박물관을 관람하였다.

　경기도자박물관은 조선시대 500년간 왕실용 도자기를 생산했던 관요의 고장 경기광주에 위치한 도자전문 박물관이다. 이 박물관은 한국의 청자 및 백자는 물론 근·현대 도자에 이르기까지 관련한 유무형 자료의 수집, 보존, 연구, 전시를 목적으로 세

였다. 박물관 본관은 2층 4실의 전시실로 이루어져 있으며, 아울러 다양한 학술활동과 함께 고고학적 지표조사 및 발굴조사를 수행하여 박물관의 전시 및 교육에 적극 활용하고 있다고 한다.

　우리나라는 근대에 이르기까지 수천 년간 세계 굴지의 도자문화 국가였다. 청자에 이어 백자의 경우에도 중국과 우리나라는 세계의 중심에서 주변 국가에 도자 문화를 계몽하고 발전시켰다. 청자의 생산은 통일신라 말에서 후삼국 시대로 이어지는 9세기경 중국 월주요(越州窯)의 청자기술이 국내에 전해지면서 한반도에서 처음으로 청자가 생산되었다. 강진(康津)을 비롯한 서남해안 일대 호족(豪族)과 군진(軍鎭) 세력을 중심으로 제작, 사용된 초기 청자는 기법이나 형식이 중국의 청자와 매우 유사했지만 점차 형태와 문양, 유색(釉色)이 고려인의 체질과 문화에 맞게 변모하여 10~11세기경 고려청자 고유의 특징이 확립되었다.

고려백자는 초기부터 청자와 함께 제작되었으나 태토에 비해 유약의 녹는점이 낮아 고온번조가 어렵고 원료가 희귀하여 많이 만들어지지 않았으며, 대부분의 고려백자는 유약이 연한 상아빛을 띠는 연질(軟質) 백자였다.

고려청자는 11세기부터 왕실과 귀족은 물론 서민에게까지 널리 사용되고 장식 또한 계층에 따라 다양하게 표현되었다. 이때에는 주로 음각 압출양각, 투각 상형과 같은 조각적 문양 장식을 이용해 고유한 유색을 살린 순청자기가 유행하였는데 특히 12세기 전반에는 고려인 스스로 '비색(翡色)'이라 칭할 만큼 고려청자의 유색이 아름다워지면서 순청자가 절정을 이루었다. 고급청자를 대표하는 공교한 기술의 상감청자는 다양한 회화적. 도안적 문양이 표현되고 장식성이 강조되면서 유색은 점차 투명하게 바뀌어 비색청자와는 또다른 고려청자의 조형미를 보여 주었다.

2001년 경기 세계도자기엑스포를 계기로 탄생한 경기도자박물관을 중심으로 펼쳐져 있는 곤지암 삼리 일대의 구석기 문화 유적지에 국내외 관광객들에게 풍부한 볼거리를 제공하기 위하여 이곳에 곤지암 도자공원이 조성되었다. 이 공원에는 오방색을 주제로 도예가들이 구성한 모자이크 정원과 도예지를 축으로 하여 중앙 상단에 경기도자박물관이 자리 잡고 좌우에는 도자 교육 체험실인 도예관과 도문관이 있고 조선왕조의 백자 전통을 생활 속에서 만날 수 있는 도화관에서는 광주 왕실 도자 판매도 한다고 하였다.

야외 시설로는 모자이크 정원, 스페인 조각공원, 엑스포 조각 공원, 자연생태원(연꽃 군락지), 전통가마, 한국정원, 무궁화 동산이 있으며, 대관 시설로는 워크숍, 강연, 단체활동을 할 수 있는 세미나실(60석)과 야외 공연장(2,000석)이 있었다.

박물관 주변을 둘러싸고 있는 구석기 문화 유적지와 허허벌판에는 자연미를 그대로 살린 역사 문화 전시와 체험 공간이 조성되어 있으며, 또한 이천 세라피아, 여주 도자세상과 함께 매 홀수 연도에 경기 세계도자비엔날레 행사가 개최되고 있어 방문객과 차세대들에게 우리나라 도자 문화의 맥을 느낄 수 있게 하였다.

위와 같이 경기도자박물관은 도자기의 역사와 전통에 대한 일반인의 이해를 증진시키기 위해 한국 도자기의 태동에서 현대까지 장인들의 예술성과 우수한 공예기술로 제작된 중요 유물 및 작품들을 전시하고 지역 문화유산의 보고로서의 역할을 다하기 위해 다양한 프로그램들을 운영하고 있다고 느껴졌다.

여수 애양원

오늘은(8월 29일) 한국장로교육원 총동문회(회장: 조종수 장로) 회원 60명이 여수지역으로 순교, 선교, 유적지 순례를 가는 날이다. 유난히 견디기 힘들었던 폭염이 2개월 동안이나 계속되었으나 2일 전에 내린 비로 말미암아 아침과 저녁이 시원한 날씨가 되었다. 기독교연합회관 앞에서 관광버스 2대로 8시 40분에 출발 2시간을 달려서 10시 40분에 한국교회의 신사참배 거부운동의 진원지인 강경성결교회에 도착하여 도착예배를 드렸다.(최낙훈 목사 : 신앙의 정체성) 그리고 구 강경성결교회 예배당(문화재 등록 제42호)를 순례하고 옥녀봉에 올라가 강경을 포함한 금강연안지역 선교역사의 현황을 관람하였다.

　오후에는 2시간 30분을 달려서 여수공항 인근에 소재한 여수 애양원 예배당을 찾아갔다. 이 예배당은 1908년 3월 18일 광주에서 창립되었다. 그리고 1928년 2월 10일 여수 현재의 교회로 이전 건축하였으며, 1935년 4월 4일 재건축하였고 1956년 4월 27일 증축하였으며, 1979년 1월 8일 현재 교회로 개축하였다. 지금은 성산교회라고 이름을 변경하였다. 그리고 사랑의 원자탄이라고 불리는 산돌 손양원 목사님과 두 아들(동인, 동신)이 묻혀있는 묘소와 기념관을 찾아갔다.

　손 목사님은 1902년 6월 3일에 경상남도 함안군 칠원면에서 부친 손종일 장로님과 모친 김은주 집사 사이에서 태어났다. 어릴 때부터 부모님으로부터 훌륭한 신앙 교육을 받았으며, 1921년 일본에 가서 동경의 스가모 중학교 야간부에 입학하여 낮에는 신문과 우유를 배달하며 밤에는 열심히 공부하여 1923년 졸업하였는데 이 시기 일본에서 유학 기간 동안 나까다 목사님을 만남으로 중생을 경험했고 '신앙의 의의'를 얻게 되었다. 그리고 1924년 정양순 사모와 결혼을 하고 1926년 3월 경남 성경학교에 입학하게 되었고 1929년 성경학교를 졸업하였다. 1935년에 평양장로회신학교에 입학했을 때에 부산 초량교회 주기철 목사님으로부터 삶과 신앙은 신행일치라는 것과 순교신앙에 대하여 교육을 받았는데 '순교란 하나님의 말씀대로 살다가 주를 위해 죽을 기회가 왔을 때 죽는 것'이라고 하였다.

손 목사님은 1938년에 신학교를 졸업하게 되는데 1938년은 한국기독교 역사에서 가장 치욕의 날로 기억되는 해이다. 당시 총회에서 신사참배를 국민의례라고 규정하고 총회장을 비롯한 목사님들이 직접 남산 신사에 가서 참배를 하였다. 그러나 평양신학교의 교장인 나부열 목사는 끝까지 신사참배를 거부했고 이로 인해 평양장로신학교가 폐교가 되었고 1938년 33회 졸업생은 졸업장을 우편으로 받게 되었다. 그리고 손 목사님은 1939년 한센병 환자들이 있는 여수 애양원 예배당에 부임하게 되었다. 이렇게 형성된 성품으로 말세신앙과 신사참배 거부, 일본의 악정과 우상숭배 비판 등을 하시다가 1939년 여수경찰서에 수감

되어 6년 동안 옥고를 치렀다.

손 목사님은 1946년 3월 경남노회에서 목사안수를 받으시고 전국을 돌며 부흥집회를 인도하셨으며, 애양원 예배당에서 목회하신 기간은 3년 정도였는데 그 교회 성도들은 죽기 전에 꼭 한 번 보고싶다는 유언을 했다고 한다. 1948년 10월 21일 여수·순천 사건이 일어나 두 아들이 공산주의자들에게 희생되었을 때, 자신의 아들을 죽이는데 가담한 청년을 살려주고 오히려 하나님께 감사하면서 그를 양아들로 맞아들이기까지 했다. 그리고 6.25사변이 일어났을 때 "부산으로 피난하라. 제주도로 피난하라"는 여러 사람들의 권고에도 불구하고 "양떼를 두고 피난할 수 없다"는 초지일관된 신념을 다지고 1950년 9월 28일 49세의 나이로 여수 근교 미평과수원에서 후퇴하는 공산주의자들에 의해서 결국 순교의 제물이 되었다.

손양원 목사님이 두 아들을 잃고도 하나님께 감사할 수 있었던 배경과 자신을 순교의 제물로 드릴 수 있었던 것은 자신의 신앙뿐 아니라 그가 오랫동안 시무했던 여수 '애양원' 즉 한센병자들의 요양소에서 생사고락을 같이하던 천여 명의 성도들의 기도와 협력이 있었고 그의 아버님 손종일 장로와 어머니 김은주 집사의 끝없는 기도의 힘이라고 생각되며, 금번 순교, 선교 유적지를 순례하면서 그분의 신앙과 헌신을 통해 우리는 새롭게 우리의 신앙과 삶을 돌아볼 좋은 기회가 되었다고 느껴졌다.

소록도

오늘은 한국 장로교육원 총동문회(회장: 조종수 장로) 회원 60명이 여수지역으로 순교, 선교, 유적지 순례를 가는 날이다. 오전에는 한국교회의 신사참배 거부 운동의 진원지인 강경성결교회를 순례하였다.

오후에는 여수공항 인근에 있는 애양원 예배당과 기념관 및 기념비와 손양원 목사님과 두 아들의 묘를 순례하였다. 그리고 여수 히든베이호텔 지하 회의실에서 고만호 목사(여수은파교회: 주인의 뜻대로)의 세미나가 있었다. 이번 순교, 선교, 유적지 순례를 통하여 보고 느낀 것이 많지만 가장 알지 못하고 궁금한 소록도에 대하여 적어본다.

　30일 오전에는 호텔에서 1시간 30분 달려서 고흥군 도양읍에 소재한 소록도 신성예배당에 도착하였다. 옛날에는 배를 타고 갔는데 현재는 소록도대교(1,190m ; 2009. 3. 2 개통)를 통과하여 버스로 갈 수 있다. 현재 소록도 5교회(중앙, 신성, 동성, 남성, 북성)가 연합으로 예배를 드리고 있다. 그 교회 안(약 200석)에서 본 교회 이남철 장로님으로부터 소록도의 현황을 설명 듣고 선교금을 전달하였다. 소록도에는 2010년 이후부터는 한센병 환자가 1명도 없으며, 현재 치료약이 발명되어 치료가 가능하다고 하였다. 납골당이 있고 10년이 지나면 땅에 묻게 된다고 하였다. 섬의 면적은 4.42km²이며 해안선 길이는 14km이다. 여의도의 1.5배인

15만평 정도에 불과하지만 섬의 모양이 어린 사슴과 비슷하다고 하여 소록도라고 부른다.

과거 한센병 환자들의 애환이 깃들어 있는 섬이지만 현재는 600여 명의 노환자들과 자원봉사자들이 애환을 딛고 사랑과 희망을 가꾸고 있다. 이 교회에는 육지에서도 하기봉사 대원들이 찾아온다고 하였다. 이 섬의 거주민들은 국가에서 생활비를 보조 해준다고 하였고 수도세, 전기세는 무료라고 하였다. 이곳에 있는 국립소록도병원은 1910년 외국 선교사들이 소록도에서 운영하던 '시립나요양원'에 한센병 환자들을 수용하면서 시작되었다. 1916년 '소록도자혜병원'으로 정식으로 개원하였으며, 1960년부터 수용 위주에서 치료 위주로 관리정책을 전환하였다. '소록도갱생원', '국립나병원' 등 여러 이름을 거쳐 현재에 이른다.

이곳의 중앙공원은 1936년 12월부터 3년 4개월 동안 연 인원 6만여 명의 환자들이 동원되어 6천 평 규모로 조성되었다. 지금도 공원 안에 들어서면 환자들이 직접 가꾸어 놓은 갖가지 모양의 나무들과 함께 전체적으로 잘 정돈된 빼어난 조경이 보는 이의 감탄을 자아낸다. 그리고 공원 곳곳에는 환자들의 아픔을 간직한 역사기념물들이 잘 보존되어 있었다.

공원 입구에는 일제 때의 원장이 이곳에 수용된 한센병 환자들을 불법 감금하고 출감하는 날에는 예외 없이 강제로 정관수술을 시행했던 감금실과 검사실이 있었다. 또한 소록도 병원의 역사와 환자들의 생활상을 보여주는 갖가지 자료가 전시된 생활자료관에서는 한센병에 대한 올바른 이해와 함께 인간의 존엄성을 다시 한 번 생각하게 한다. 유적으로는 6.25전쟁 때 이곳을 지키다 순직한 사람들의 영혼을 기리는 순록탑, 그리고 육영수 여사의 공덕비, 한하운 시인의 시비 등이 있었다.

섬 전체가 울창한 산림과 바다가 어우러져 아름다운 경치를 이룰 뿐 아니라, 동쪽 해안에는 해수욕장이 있으며 섬의 남단에 소록도 등대가 있었다. 현재 이 섬은 깨끗한 자연환경과 해안절경, 역사적 기념물 등으로 인해 고흥군의 새로운 관광명소로 떠오르고 있어 섬 전체를 순환하는 도로도 더 넓히고 잘 정비하면 많은 관광객을 유치할 수 있다고 생각되었다.

그리고 이번 순교, 선교, 유적지 순례를 통하여 알지 못하였던 많은 것들을 새롭게 알게 되었으며, 과거에 선조들의 믿음 생활과 현재 우리들의 믿음 생활과 비교해볼 때 너무나 안일한 믿음 생활을 하고 있어 우리들이 영적으로 더욱 열심을 품고 주님을 잘 섬겨야 하겠다고 느껴졌다.

안동교회와 하회마을

오늘(8월 31일)은 장로교육원 총동문회(회장: 정삼득 장로)가 안동지역 사적지 순례를 가는 날이다. 섭씨 30도를 오르내리던 폭염이 3일간 내린 비로 인하여 아침과 저녁이 시원하게 되었다. 회원과 가족 42명이 오전 8시 기독교연합회관 앞에서 출발하여 3시간 30분을 달려서 안동에 도착하였다. 점심 식사 후 안동교회로 갔다. 도착예배를 드리고 안동교회 임만조 장로님이 안동교회 창립 초창기부터 현재까지를 소상하게 설명하였다.

1902년 3월 안의와 선교사가 안동에서 시장전도 하자 신자들이 계속 늘어나서 1909년 8월 8일 안의와 선교사가 세운 기독서원에서 김병우 외 7명이 안동교회 창립예배를 드렸다. 1년 후

에는 70명이 되었다. 그 후 교인들의 수가 증가하여 천막교회를 세워 기독서원과 더불어 예배처로 사용되었으며, 주중에는 안동 최초의 안동 성소병원으로도 사용되었다. 그 후 1913년 목조 함석지붕의 2층 건물에서 예배드리다가 1937년 석조(화강암) 예배당을 건축하였고 목조건물은 유치원 건물로 사용하였다. 이 석조 예배당은 내부에 기둥이 없고 현재 2층이 본당으로 사용하고 있으며, 등록문화재 제654호로 등록되어있다. 그 후에 건축한 100주년기념관은 옆에 건축하여 2층에 석조 예배당 건물과 연결 통로가 있도록 건축하였다.

그리고 안동교회는 유교의 본 고장인 안동 한복판에서 1909

년 8월 8일 창립한 이후 단 한 번의 분열이나 갈등 없이 많은 고난의 세월을 견디며 경북 북부지역의 복음화에 큰 축적을 이루며 어머니 교회로서 사명을 감당해 왔다. 일제 강점기에는 일제의 총칼로부터 교회와 고장을 지키며 독립운동에 앞장섰다. 1919년도에는 안동 3.1운동 모의장소로 사용되었고 1920년에는 안동 최초의 기독청년회가 창립되었으며, 그 후에 1924년에는 기독청년면려회 조선연합회가 조직되었고 오늘날 남선교회로 이어지고 있다. 또한 안동 시내와 시외에 20개 교회를 분립, 개척하여 안동 복음화에 초석이 되었다.

그리고 그곳에서 30분 달려서 월영교를 지나 안동댐 아래에 있는 안동 민속 박물관을 관람하였다. 석식 후 7시부터는 안동교회 김승학 목사님의 선조의 영성세미나 시간을 가졌다. 선조 목사님들의 영성과 선교, 교육, 치유사역들에 대하여 1시간 10분 동안 원고도 없이 강의를 하셨다. 그리고 안동 그랜드 호텔로 이동하여 여정을 풀었다.

다음 날(1일) 조식 후 1시간 30분을 달려서 안동 하회마을로 찾아갔다. 안동 하회마을은 풍산 류씨가 600여 년간 대대로 살아온 한국의 대표적인 동성마을이며 와가와 초가가 오랜 역사 속에서도 잘 보존된 곳이다. 조선시대 대유학자인 류운룡 선생과 임진왜란 때 영의정을 지낸 류성룡 형제가 자라난 곳이다. 마을 이름을 하회(河回)라고 한 것은 낙동강이 'S'자 모양으로 마을을 감싸 안고 흐르는 데서 유래되었다. 그리고 조선시대부터 사람이 살기에 가장 좋은 곳으로도 유명하다. 그리고 하회마을은 2010년 7월 브라질 브라질리아에서 개최된 제34차 유네스코 세계유산위원회에서 경주 양동마을과 함께 우리나라의 열 번째 세계유산으로 등재되었다. 유네스코는 등재 결의안에서 '한국의 역사마을: 하회. 양동'은 주거 건축물과 정자(亭子), 정사(精舍), 서원(書院) 등 전통 건축물들의 조화와 그 배치 방법 및 전통적 주거문화가 조선시대의 사회 구조와 독특한 유교적 양반문화를 잘 보여주고 있으며 이러한 전통이 오랜 세월 동안 온전하게 지속되고 있는 점이 세계유산으로 등재되기에 손색이 없다고 평가하였다. 그곳을 관람하고 점심 식사 후 서울에 도착하니 오후 4시 30분이 되었다.

금번 안동지역 기독교 사적지 순례와 하회마을 탐방을 통하여 선조들의 영성 활동과 유교의 본고장인 안동 지역에서 선조들이 온갖 고난을 겪으면서 믿음생활과 선교활동을 한 것에 대하여 크게 감명을 받았으며, 하회마을의 세계유산 등재는 한국인의 전통적인 삶이 세계적으로 인정받았다는 점에서 그 의의가 있다고 생각되었다.

백령도

사단법인 솔리데오(이사장 김순미)는 장로합창단(단장 박남필, 지휘 석성환)을 중심으로 백령도 연주 및 가족 하계수양회를 2022년 8월 23일부터 24일까지 서해 최북단 천혜의 섬 백령도에서 개최하였다.

8월 23일 오전 8시 30분 인천 연안부두 선착장에서 단원과 가족 132명이 고려고속훼리(코리아킹) 선박(정원 450명)에 승선하여 소청도, 대청도를 경유하여 백령도 용기포구 선착장에 12시 30분(4시간 소요) 도착하였다. 제일 먼저 가까운 곳에 있는 사곶해변 천연비행장(천연기념물 391호)을 둘러보았는데 세계에서 두 곳밖에 없는 규조토 해변으로 비행기의 이착륙이 가능한 천연 비행장에 모두 놀라워하였다. 우리 일행은 대형 버스 3대와 소형 버스 1대에 분승하여 식당가로 이동하여 중식을 마친 후 서해의 해금강이라는 두무진(명승 8호)항으로 갔다. 그곳에서 수천 년 동안 바닷물에 깎이고 깎인 기암괴석들을 바라보면서 계곡 길 트레킹 코스를 50분간 걸어서 관광한 후 선착장에서 유람선을 타고 선대암, 만물상, 코끼리 바위, 형제바위, 장군바위 등을 50분간 둘러보았다. 그리고 천안함위령탑(46용사)이 있는 언덕으로 갔다.

그곳에서 단장 박남필 장로가 기도한 후 석성환 장로의 지휘로 '주여 평화 내려주소서(DONA NOBIS PACEM)'를 찬양하였다. 그리고 용이 하늘로 승천하는 듯한 모습이라는 용트림바위가 있는 곳으로 갔다. 용이 하늘을 향해 나선처럼 꼬며 오르는 형상이 매우 인상적이었다. 그리고 석식으로 꽃게탕으로 주린 배를 채우고 진촌 교회를 향했다.

오후 7시 30분 수요예배시간에 1부 예배와 2부 솔리데오 합창단 초청 백령도 진촌교회 연주회를 개최하였다. 솔리데오 남성찬양단(단장 이영철, 지휘 석성환) 1곡, 솔리데오 여성합창단(단장 김영희, 지휘 김미현) 1곡, 솔리데오 콰이어차임(단장 박남필, 지휘 석성환) 1곡, 클라리넷 독주(손호용) 1곡, 솔리데오 장로합창단(단장 박남필, 지휘 석성환) 2곡, 그리고 출연자 모두가 연합찬양 1곡(주여 평화 내려주소서)을 하였다. 모든 순서마다 우레 같은 박수와 한마음 한 뜻이 되어 하나님께 큰 영광을 올려 드렸다.

둘째 날은 오전 6시 50분에 심청각과 끝섬 전망대가 있는 언덕을 올라갔다. 심청각은 효녀 심청이 몸을 던진 인당수와 연봉바위가 바라다보이는 곳에 있으며 관련 판소리, 영화, 고서 등이 있다. 끝섬 전망대는 북한의 월래도를 내려다보고 북녘의 산하를 조망할 수 있는 곳에 있다. 조식 후 방문한 돌계단을 많이 걸어서 올라가는 언덕 위에 세워진 중화동교회는 우리나라에서 두 번째로 세워진 장로교회이다.(1896년) 이 교회 기독교 역사관에서는 한국기독교 100년사를 한눈에 볼 수 있다. 그리고 콩돌해안(천연기념물 392호)로 갔다. 콩알을 뿌려놓은 듯한 독특한 해변으로 2km에 걸쳐 콩처럼 동글동글한 돌멩이들로 이루어져 있다. 피부염에 특효가 있다고 하여 모두 맨발로 걸어서 물가로 가서 사진찍기 좋은 녹색 명소를 바라보면서 사진 촬영을 하였다. 그리고 백령도 특산단지를 방문하여 필요한 특산물을 구입한 후 중식은 메밀굴칼국수로 하고 용기포항 선착장에 도착하여 13시 30분에 코리아킹호에 승선하여 인천 연안부두 선착장에 17시 30분 도착하여 해산하였다.

  백령도는 인천에서 228km 떨어져 있는 섬으로 1995년 3월 1일 인천광역시에 통합되어있으며, 땅 넓이가 51㎢이고 인구는 4,996명이고 가구 수는 2,947가구이다. 주민 중 어가는 10.8%이고 농가는 27.3%인데 벼농사를 많이 하여 70%가 도민이 먹고도 남는다고 하였다.

백마고지

전국원로장로회(회장 유호귀 장로)는 가을 문화탐방을 강원도 철원군 백마고지에서 가졌다.

2022년 9월 29일 9시 30분 한국기독교연합회관 앞에서 출발하여 경기 포천을 경유하여 2시간을 달려서 철원군 갈말읍 고석정(임꺽정이 도피한 곳)에 도착하여 인근에 소재한 향원교회(김석범 목사)에서 도착 예배(기도: 최호철 장로 설교: 박래창 장로)를 드렸다. 그곳에서 점심 식사를 하고 다음으로 찾아간 곳은 철원 노동당사(등록문화재 제22호)였다. 이 건물은 1945년 8월 15일 해방 후 북한이 공산 독재정권 강화와 주민 통제를 목적으로 건립하고 6.25 전쟁 전까지 사용된 북한 노동당 철원군 당사로서 바깥쪽 사면

벽면만 앙상하게 남아 있는데 더 이상 무너지지 않도록 철골 지지대로 받치고 있었다. 시멘트와 벽돌조적만으로 지어진 무철근 3층 건물로 당시 이 건물 일대는 인구 3만 명이 살았던 철원읍 시가지였으나 6.25전쟁으로 모두 파괴되었고 유일하게 노동당사 건물만 남아 있다.

현재 철도는 백마고지역까지 갈 수 있고 거기서 4km를 달려서 백마고지를 가까이 바라볼 수 있는 언덕에 백마고지 전적비와 기념관이 세워져 있다. 백마고지 전투는 한국전쟁 기간 중 가장 치열하게 고지 쟁탈전을 전개했던 1952년 10월 이곳 철원에 위치한 작은 고지를 놓고 국군 보병 제9사단과 중공군 제38군 3개 사단이 전력을 기울여 쟁탈전을 벌인 끝에 제9사단이 승리한 전투를 말한다.

1952년 10월 6일부터 15일까지 10일 동안 불과 395m밖에 되지 않는 고지를 빼앗기 위해 혈전을 벌이는 사이, 중공군 1만여 명이 전사상 또는 포로가 되었으며, 국군 제9사단도 총

3,500여 명의 사상자가 발생하였다. 그리고 발사된 포탄 수는 아군이 219,954발, 적군이 55,000발, 총 274,954발이었으며, 12차례의 공방전으로 철원, 평강, 금화를 잇는 중부전선 일대의 적 병참선을 차단, 확보해야 한다는 작전상의 이유뿐만 아니라 전투가 계속되는 동안 양 국가의 명예를 건 일전으로 변하여 더욱 처절한 싸움이 전개되었다고 하였다.

결국, 세계 전쟁 사상 유래가 없을 만큼 처절한 포격전, 수류탄전, 백병전을 10일 동안 주야간 반복한 끝에 이 고지를 아군이 차지했는데 그 후 이곳에는 백마고지를 빼앗긴 김일성이 3일 동안 애통해하여 식음을 전폐했다는 설이 전해오고 있다.

백마고지 명칭의 유래는 작전 기간 중 포격에 의해 수목이 다 쓰러져 버리고 난 후의 형상이 누워 있는 백마처럼 보였기 때문에 백마고지라는 이름을 붙였다고 한다.

이 전투를 계기로 중공군의 공세를 결사적으로 분쇄한 한국보병 제9사단은 그 용맹을 세계에 떨치게 되었고 부대 애칭도 백마부대라고 부르고 있다.

6.25전쟁은(50. 6. 25~53. 7. 27) 낙동강 전투와 맥아더 장군의 지휘로 인천 상륙 작전으로 서울을 탈환한 것과 백마고지에서 짧은 기간 동안 밤과 낮 계속된 전투에서 많은 전사자가 발생한 것을 우리는 잊을 수가 없다. 우리 일행은 안내자의 설명을 들으면서 비무장 지대에 있는 넓은 들판을 바라보았다.

극동방송 전국대합창제

극동방송이 제33회 전국대합창제를 2022년 9월 6일 오후 7시 30분에 세종문화회관 대극장에서 개최하였다. 극동방송 전국대합창제는 제1회(1976년 10월 30일)를 6개 교회(동신교회, 평안교회, 신촌성결교회, 순복음교회, 종교교회, 영락교회)가 류관순 기념관에서 개최하였으며, 제1회와 제2회는 류관순 기념관에서 개최하고 제27회(2008년)와 제30회(2014년)는 KBS홀에서 개최하고 그리고 계속해서 세종문화회관 대극장에서 개최하였다.

또한, 2018년도에 제32회 전국대합창제를 개최한 이후에는 코로나19로 인하여 개최하지 못하였으나 다시 재개되어 금년에는 6개 교회(온누리교회, 꿈의교회, 여의도순복음교회, 영락교회, 사랑의교회)와

캐나다 벤쿠버시온선교합창단, 정신여고노래선교단, 솔리데오장로합창단, 극동방송연합여성합창단이 참가하였다.

　세종문화회관 대극장의 무대는 앞쪽과 뒤쪽이 회전하게 되어 있어 앞쪽에서 공연하는 동안 뒤쪽에서 다음 순서 팀이 준비를 하여 무대에 오르고 내리는 시간이 단축되었다. 그리고 찬양할 때에는 마스크를 벗고 찬양을 하였다.

　지난 32회 전국대합창제에서 남성합창단 초청은 모두 5회였는데, 제17회(1992년) 육군사관학교남성합창단, 제22회(1997년) 익투

스남성합창단, 제26회(2006년) 서울장로성가단, 제29회(2012년) 솔리데오장로합창단이었다. 솔리데오장로합창단은 '오직 주님'이라는 뜻으로 초교파 90여 교회 장로 130명으로 구성되어 2008년 1월 10일에 창단되었으며, 지난 제29회(2012년) 때에 이어 금년에 두 번째로 참여하게 되었다.

테너 임웅균의 주기도문을 시작으로 전국대합창제가 성대하게 문을 열었다. 첫째로 캐나다 벤쿠버시온선교합창단(144명, 단장 정문현, 지휘 정성자) 2곡(엘리야의 때처럼, Our Father) 둘째로 온누리교회주영광찬양사역팀(194명, 담임목사 이재훈, 지휘 조익현) 2곡(주예수보다 더 귀한 것은 없네, 주 하나님 지으신 모든 세계) 셋째로 꿈의교회드림콰이어(150명, 담임목사 김학중, 지휘 박지훈) 1곡(기드온의 300 용사) 넷째로 정신여고노래선교단(96명, 교장 최성이, 지휘 김민정) 3곡(노래할 이유 있네, 주날 인도하시네, 주 예수 내 맘에 오심) 다섯째로 솔리데오장로합창단(130명, 단장 박남필, 지휘 석성환) 2곡(십자가, 주님 나라를 위해) 여섯째로 극동방송연합여성합창단(서울, 부산, 대구, 광주, 전동, 전북, 234명, 연합지휘 문미례, 반주 정진성) 2곡(천국 가겠네, 만유의 주재) 일곱째로 여의도순복음교회예루살렘찬양대(113명, 담임목사 이영훈, 지휘 민인기) 2곡(주의 모든 일에 감사드리며, 살아계신 주) 여덟째로 영락교회갈보리찬양대(140명, 담임목사 김운성, 지휘 박신화) 2곡(하나님의 어린양, 하나님의 전신갑주) 아홉째로 사랑의교회호산나찬양대(157명, 담임목사 오정현, 지휘 김홍식) 그리고 출연자가 모두 참여하는 연합찬양(지휘 김홍식) 할렐루야를 하였다.

  모든 순서마다 찬양이 끝날 때에는 우레와 같은 박수와 갈채를 보냈으며, 부르는 자나 듣는 자가 다 같이 한마음 한뜻이 되어 하나님께 큰 영광을 올려드렸다.

백선엽 장군 추모 음악회

백선엽 장군 기념사업회가 주최하는 백선엽 장군 추모 음악회가 한미동맹 70주년을 기념하며 백선엽 장군 3주기를 맞아 '하늘의 별이 되어' 주제로 2023년 3월 23일 오후 7시 30분 영락교회 베다니홀에서 개최되었다.

본 음악회는 백선엽 장군의 충절 애국, 숭고한 뜻을 받들어 나라의 소중함과 대한민국에 대한 애국심을 고취하기 위한 음악회이다. 영락교회 교인이었던 '믿음의 사람 백선엽 장군'은 6.25 전쟁 시 낙동강 최후 방어선인 경북 칠곡군 다부동 대첩에서 1950년 8월 21일 1사단장인 그는 "내가 두려움에서 후퇴하면 너희가 나를 쏴라"는 유명한 '사단장의 돌격 명령'으로 고지를

향해 뛰어올라 마침내 승리를 이끌어 냈다. 1953년 한미 상호 방위조약을 성사시킨 한미동맹의 군사 외교관이었으며, 박정희 대통령이 소령 시절 위험에 처했을 때에 구출해 준 은인이었다. 그리고 대한민국 ROTC를 창설한 대부(代父)로서 지금까지 ROTC 소대장 73%가 전방 155마일 전선을 지키고 있다.

  오늘 음악회는 백선엽 장군 기념회(공동대표 송영근 중장, 한규성 이사장)가 주최하고 대한민국 ROTC 기독교 장교 연합회가 주관하며, 극동방송, 대한민국 군선교연합회, 한국교회 총연합회, 한미우호협회, 한미동맹재단, 영락교회, CTS 기독교TV, 국민일보, 국가원로회의, 대한민국 ROTC중앙회, 육사총동창회, (사)양평문화마당, (사)나눔과 기쁨, 아시아N 등이 후원하고 한음 금관5중주가 협연하는 음악회로 백 장군의 삶과 발자취를 5가지 주제로

구성하여 영상과 스토리가 있는 무대로 꾸며졌다.

청중 약 1,000여 명이 연주홀 상하층 좌석을 꽉 메운 가운데서 김삼환 목사와 이영훈 목사의 영상 메시지가 있은 후 영락교회 김운성 목사의 기도로 시작되었다. 한음 금관5중주의 팡파레가 있은 후 모두가 일어서서 애국가 1절과 4절을 제창하였다. 제1주제 영웅. 다부동 대첩에서 나라를 구한, 영웅, 믿는 사람들은 군병 같으니 2곡(솔리데오남성찬양단), 비목, 여호와는 나의 목자시니 2곡(메조소프라노 백남옥). 제2주제 동맹. 한미상호방위조약 태동을 견인한 주인공, 미국국가, America The Beautiful, 오 대한민국 내 조국 2곡(아가페앙상블), 내가 주를 사랑하나이다(육사신우회 십자가중창단). 제3주제 선각자. 대한민국 부흥을 이끈 선각자, 새시대의 국민찬가(소프라노 임청하), 그리운 금강산(대한민국 휠체어합창단), 나를 세워 주시네(연세장로찬양단). 제4주제 선봉장. 대한민국 ROTC 제도를 도입한 강군 육성의 선봉장. 내 나라 내 겨레여(물망초합창단), 청산에 살리라(테너, 김동청, 김정규), 주여 들으소서(솔리데오여성합창단). 제5주제 믿음:선한 리더십과 믿음의 사람. 주는 저 산 밑에 백합(드림오카리나앙상블) 추모곡 「하늘의 별이 되어」 초연, 강하고 담대하라 2곡(솔리데오장로합창단).

마지막 피날레 곡으로 「희망의 나라」를 일어서서 회중과 함께 불렀는데 모든 순서마다 연주홀이 떠나가도록 청중들의 우레와 같은 박수갈채를 받으면서 2시간 동안 진행하여 출연자나 청중이 많은 의미를 갖고 큰 감동을 받는 음악회였다. 특히 오늘 음악회는 메조소프라노 백남옥(전 경희대 음악대학장)을 비롯해 솔리데오합창단, 장애인들로 구성된 대한민국 휠체어합창단, 탈북 여성들로 이뤄진 물망초합창단 등이 출연해 다채로운 곡을 선사했으며, 참석자 모두에게 채수정 작가가 쓴 백선엽 장군 실록 장편소설 『하늘의 별이 되어』 책자를 기증하였다.

빌리 그래함 전도대회 50주년 기념대회

2023년 6월 3일 극동방송에서 주관하는 빌리 그래함 전도대회 50주년 기념대회가 월드컵 경기장에서 개최되었다. 우리 솔리데오 장로합창단(130명)은 일만 명 합창단에 참가하기 위해 오전 11시 30분에 본 경기장 남문으로 입장하여 찬양석에 앉았다. 본 대회는 합창단석과 관중석 모두 10만 개의 좌석이 가득 차게 된 가운데서 한국교회의 회복과 부흥으로 복음을 전하는 목적으로 차분히 진행되었다.

50년 전 1973년 6월 3일 여의도 광장에서 개최한 빌리 그래함 목사 전도대회(통역: 김장환 목사)는 심령부흥회가 성령의 불길처럼 타올라 생수의 강이 흘러나게 하였다. 첫날 오후 집회에

51만여 명, 둘째 날 오후 집회에 46만여 명, 셋째 날 오후 집회에 48만여 명, 넷째 날 오후 집회에 65만여 명, 마지막 날 주일 오후 집회에 110만여 명이 모였다고 한다.(기독공보 1973. 6. 9)

이날 대회는 2시 30분부터 3백여 명의 극동방송 어린이합창단과 국내 정상급 찬양사역자 연합회원들의 합창단, 무용단의 합창과 율동으로 식전행사가 진행되었다,

오후 3시에 기념대회 준비위원장 김의식 목사(부총회장) 인도로 주제 영상 소개와 일만여 명의 연합찬양대가 입례송을 하고 윤석열 대통령의 축하 메시지(영상)와 오세훈 서울시장, 김동연 경기지사가 축사를 하고 전 백석대 총장 정종현 목사(공동대표)가

격려사를 했다. 이어서 권모세 장로(아일랜드 리조트 대표)가 헌금 기도를 한 후 참석자들이 헌금에 동참했다.

오정현 목사(대표 대회장)가 개회를 선언하고 이영훈 목사(공동대회장)가 개회기도를 한 후 이어서 한국교회 회복과 부흥으로 다음세대를 위하여 큰 성령의 불길이 일어나기를 온 성도가 뜨거운 맘으로 통성기도를 하였다. 회중이「나 같은 죄인 살리신」찬송을 합창했다. 그리고 김선규 장로(실업인 대표)가 성경 마가복음 8장 31절~38절을 봉독하고 이어서 특별 찬양은 일만여 명의 연합찬양대가 박신화 교수 지휘로「주 하나님 지으신 모든 세계」와「할렐루야」2곡을 찬양하였다.

이어서 50년 전 통역했던 김장환 목사(상임고문)가 등단하여 강사를 소개하고 프랭클린 그래함 목사(빌리 그래함 목사 아들)가 설교하고 통역은 김하나 목사(명성교회)가 하였다. 설교 제목은 '주의 복음'에 대한 내용이었다.

"하나님께 이르는 길은 예수님밖에 없으며 예수님이 여러분을 위해 무덤에 이르시고 부활하셨음을 믿으세요. 우리 모두에게는 죄가 있고 그 죄가 우리를 하나님으로부터 멀어지게 하셨습니다. 우리가 죄에서 속함을 받기 위해서는 반드시 예수님이 필요합니다."

이 시간 그 예수님을 영접하길 원하시는 분은 그 자리에서 일어서게 하고 기록을 남겨 봉사자들에게 전달하게 하였다. 6,445명이 결신하였다.

이어서 오정현 목사가 합심기도를 인도하였는데 모세가 든 지팡이(입장시 배부)를 들고 "성령님이 임재하는 충만함으로 이 나라와 교단별 한국교회가 제사장의 나라가 되게 하옵소서" 손을 높이 들고 회개하는 심령으로 열심히 기도하였다. 그리고 김삼환 목사(공동대회장)의 축도와 연합찬양대의 「살아계신 주」 축도송이 있었다. 그리고 사무총장 박동찬 목사의 광고로 기념대회를 모두 마쳤다. 오늘 행사를 주관한 극동방송 직원들의 수고와 여러 교회 자원봉사자들의 헌신으로 수준 높은 대회를 치르게 되었다.

다시 일어서는 대한민국 음악제

한미동맹 70주년 기념 제2회 다시 일어서는 대한민국 음악제(대회장: 김상복)를 2023년 10월 1일 오후 5시 국립극장 해오름홀에서 관객이 가득히 메운 가운데서 개최하였다.

본 음악회는 사단법인 이승만 건국대통령 기념사업회가 주최하고 KCLASSIC GOK/K-Classic 출판사가 주관하고 국가보훈부, 문화체육관광부, 백석대학교, prettimir가 후원하고 우남산악회, FACIFIC HOTEL, 한미동맹 이승만 기념재단, 신한캐피탈, 사단법인 국가조찬기도회의 협찬으로 개최되었다.

사단법인 이승만 건국대통령 기념사업회 황교안 회장의 "K-Classic 음악을 통하여 문화를 사랑하는 초일류 정상국가가 될

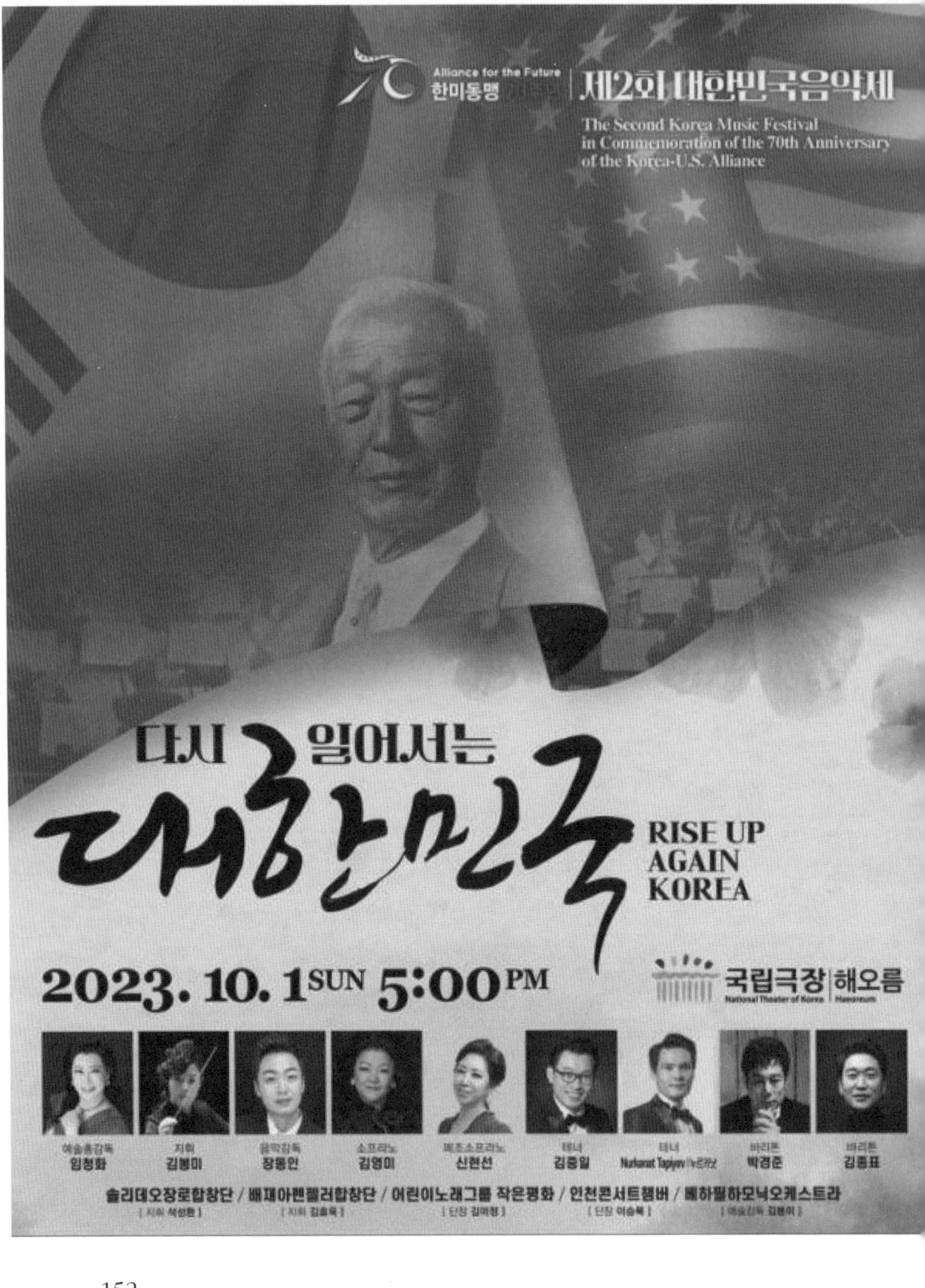

Alliance for the Future
한미동맹
제2회 대한민국음악제
The Second Korea Music Festival
in Commemoration of the 70th Anniversary
of the Korea-U.S. Alliance
다시 일어서는
대한민국
RISE UP
AGAIN
KOREA
2023. 10. 1 SUN 5:00 PM
국립극장 | 해오름
National Theater of Korea | Haeoreum
예술총감독 임청화
지휘 김봉미
음악감독 장동인
소프라노 김영미
메조소프라노 신현선
테너 김중일
테너 Nurkanat Tapiyev 누르카낫
바리톤 박경준
바리톤 김종표
솔리데오장로합창단 / 배재아펜젤러합창단 / 어린이노래그룹 작은평화 / 인천콘서트챔버 / 베하필하모닉오케스트라

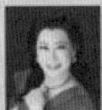

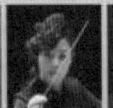

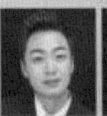

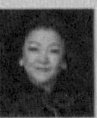

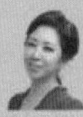

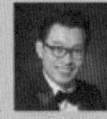

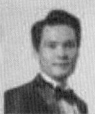

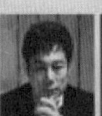

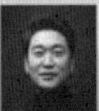

수 있다"라는 축사와 대한민국 음악제 대회장 김상복의 "다시 일어서는 대한민국을 함께 외치며 다시 한 단계 더 도약하는 축제의 기회가 되기를 기대한다"는 축사가 있었다. 그리고 베하필 하모닉 오케스트라 관현악단(총감독 : 김봉미)의 연주로 시작되었다.

제1부에서는 애국가 1절, 미국국가, 오 대한민국 내 조국(전 출연진, 솔리데오 남성찬양단:50명, 단장:이영철, 지휘:석성환), 건국 대통령 이승만의 노래(소프라노 임청화, 어린이 노래그룹 작은평화, 대표:김정철), 선구자(바리톤 박경준), 나를 잊지 마세요(소프라노 신현선), 비목(바리톤 김종표), 무지개 너머, 꽃구름 속에(소프라노 김영미), 무궁화 아리랑(메조소프라노 신현선, 테너 김중일, 바리톤 김종표), 송축해 내 영혼, 조국찬가(배재아펜젤러합창단: 40명, 지휘:김효욱, 반주:한영건). (15분 휴식)

제2부에서는 Yankee Doodle: 한국 초연 공식작 서양음악, 작대가(作隊歌), 인천학도의용대가(인천콘서트챔버 대표:이승묵), 무궁화동산, 고향의 봄, 앞으로(어린이노래그룹 작은평화, 대표:김정철), 청산에 살리라(바리톤 김종표), 사랑의 찬가(메조소프라노 신현선), 내 맘의 강물(테너 누르카낫 티베예브), 나의 조국(테너 김중일), 공주는 잠 못 이루고(테너 김중일), 평화를 주오!(소프라노 김영미), 향수(테너 김중일, 바리톤 박경준), 꿈을 향하여:Nella Fantasia, 강하고 담대하라(솔리데오 장로합창단:120명, 단장:박남필, 지휘:석성환), 새 시대의 국민찬가(소프라노 임청화, 솔리데오 장로합창단)로 2시간 동안 진행되었는데 순서마다 우레와 같은 박수갈채로 화답하는 축제의 음악회였다.

오늘 출연한 솔리데오 장로합창단은 오직 주님만을 바라보며 찬양으로 영광 돌리는 예배적 사명과 그리스도의 사랑을 전하는 선교적 사명을 감당하는 뜻으로 모인 초교파 90여 교회 장로 130명으로 구성된 남성합창단이다. 그리고 배재아펜젤러합창단은 '크고자 하거든 남을 섬기라'는 교훈으로 세운 배재학당의 동문들이 모여 기독교 복음을 전파하고 이웃을 위한 봉사에 뜻을 두고 함께하는 선교합창단이다.

화개장터와 진주성

한국수필문학가 협회 월간 수필문학사(대표: 강병욱)가 주관하는 제28회 『수필문학』 하계세미나를 1박 2일간 하동지역에서 개최하기 위해 수필가 회원 90명이 지난 8월 28일 오전 8시 30분 버스 2대로 서울 압구정역에서 출발하였다. 계속되던 폭염이 한풀 꺾이는 이제는 아침과 저녁이 시원해졌다.

버스 안에서 자기 소개하는 시간을 가지면서 4시간을 달려서 12시 30분에 남원에 도착하였다. 새집추어탕 식당에서 주린 배를 채웠다. 그곳에서 1시간을 달려서 하동 화개장터에 도착하였다. 화개장터는 지리산에서 시작한 화개천과 섬진강이 합류하는 지점에서 열리던 전통적인 재래시장이며, 5일장이 활발하게 이

루어졌던 곳이다. 최근에는 상시 시장이 개장되고 있으며, 지리산에서 생산되는 산나물, 약재 등과 여수, 남해 쪽에서 김과 멸치를 선박에 싣고 와서 판매를 하는 곳이다. 즉 강과 사람을 이어주고 산과 마을을 품어주는 곳이다. 그곳에서 1시간 동안 재래시장을 탐방한 후 1시간 30분을 달려서 하동 캔싱턴리조트에 도착하였다.

그 건물 3층 대회의실에서 갈석 강석호 장로님의 1주기 추모예배와 『수필문학』 세미나를 개최하였다. 1부 추모예배는 구영례 권사의 사회로 호병규 장로의 기도와 하재준 장로의 '주안에서 죽는 자는 복이다' 제하의 설교와 국제PEN한국본부 이사장

  손해일 씨의 추모사와 오성건 장로의 추모시 낭독이 이어졌다. 2부 『수필문학』 세미나는 서경희 이사의 사회로 회장 오경자 권사의 인사와 수필문학사 강병욱 대표의 인사가 있었고 한국문인협회 이사장 이광복의 축사가 있었으며, 허학수, 박종숙, 박종철, 정경수 회원에게 감사패 전달식을 가졌다.

  이어서 주제 발표는 문학평론가 이명재 씨의 좌장으로 고려대 명예교수 김인환 씨의 '갈석 강석호 선생의 수필세계'의 제하의 주제발표가 있었고 문학평론가 이유식 씨의 '갈석 강석호의 삶과 문학'에 대한 회고담이 있었다. 그리고 편집부 류진 씨의 갈석 작품 낭송과 유족대표의 인사가 있었다. 그곳에서 저녁 식사는 맛있는 뷔페로 하고 짐을 풀었다.

 이튿날에는 조식 후 오전 9시 30분 갈석 강석호 선생의 1주기 추모일을 애도하는 듯 가랑비가 부슬부슬 내리는 가운데 갈석 강석호 문학비가 있는 곳(하동군 금성면 가독리)을 향해 1시간 달려갔다. 그곳으로 가는 도중의 가로수는 백일홍과 벚꽃 나무가 심겨 있었고 백일홍의 꽃이 아름답게 피어있었다. 문학비는 버스에서 하차하여 도보로 약 300m를 걸어서 야산 언덕 위에 세워져 있었다. 가랑비는 계속 내리고 있는데 그곳에서 오동춘 장로가 추모시를 낭독하였다. 그리고 그곳에서 단체 사진을 촬영하고 1시간 달려서 진주의 역사와 문화가 깃들어 있는 진주성 인근에 도착하였다. 그곳에는 내리던 비가 그쳤고 진주 특유의 비빔밥으로 점심 식사를 하고 진주성에 들어갔다.

 유서 깊은 진주성에는 촉석루, 의암, 의기사(義妓祠), 김시민 장군 전공비, 김시민 장군 동상 등이 있었다. 촉석루는 전시에는 진주성을 지키는 지휘본부였고 평시에는 시인 묵객들이 풍류를 즐기던 명소이고 과거를 치르는 고사장이었다. 의암은 임진왜란 때 논개가 왜장을 끌어안고 남강에 투신하여 순국한 바위이다. 의기사(義妓祠)는 논개가 왜장을 껴안고 남강에 투신하여 순국한 논개의 넋을 기리기 위하여 논개의 영정과 위패를 모신 사당이다. 김시민 장군 전공비는 김시민 장군이 임진왜란 때에 진주대첩을 이끈 주인공으로 그 공로를 돌에 새겨 기록한 것이다.

그리고 김시민 장군의 동상은 충무공 김시민 장군이 임진왜란이 일어나자 사천, 고성, 진해 등지에서 왜적을 격파하였고 또한 왜적이 진주성을 포위하자 진주목사가 되어 불과 3,800명의 병력으로 6일간의 치열한 전투 끝에 적을 격퇴하였으나 이마에 적탄을 맞고 순국하였다. 김시민 장군의 호국충절을 계승하기 위해 건립한 진주성 수호상으로 2000년 1월 1일 제막하였다. 높이가 7m이다.

그곳에서 오후 2시 30분에 출발하여 오후 7시 20분에 서울 양재역에 도착하였다. 이번 『수필문학』 세미나를 통하여 '호랑이는 죽어서 가죽을 남기고 사람은 죽으면 그 이름과 업적을 남긴다는 것'을 생생하게 느끼게 되었다. 갈석 강석호 장로님은 평생을 오직 한길 수필문학 진흥을 위해 몸과 마음을 바쳐 정성을 다해 후배들을 가꾸었기에 그 이름과 그 업적은 영원히 보존되리라고 생각되었다.

화천 광덕산 조경철 천문대

지난 2월 10일은 남선교회전국연합회 환경녹색선교단이 광덕산(강원도 화천군)으로 등산을 갔다. 날씨는 입춘이 지났으나 영하 10도를 오르내리는 추운 날씨가 계속되었다. 단원 70명이 버스 2대에 분승하여 서울 동대문역사문화공원역에서 오전 8시에 출발하여 2시간을 달려서 경기도 포천시 이동면에 소재한 연곡소망교회에 도착하여 도착 예배를 드렸다.

그곳에서 백운계곡을 따라 꼬불꼬불한 오르막길을 30분 달려서 백운계곡 고개 위까지 올라갔는데 이 길은 옛날 대관령 고갯길을 힘들게 올라가는 느낌이 들었다. 그곳에서 광덕산 천문대까지는 버스 1대가 일방 통행하는 좁은 오르막길을 또다시 15분

달려서 화천 '조경철 천문대'에 도착하였는데 이 길은 지난겨울에 내린 눈이 10센티가량 남아 있어 도로 이외에는 사람이 다닐 수가 없는 길이었다.

해발 1,010m에 자리한 강원도 화천군 광덕산 정상에 있는 화천 '조경철 천문대'는 아름다운 경관과 최적의 관측 조건을 갖춘 우리나라를 대표하는 시민 천문대이다. 애초 천문대의 명칭은 '광덕산 천문대'로 결정되었으나 '아폴로 박사'로 대중에게 친근한 조경철 박사가 2010년 지병으로 안타깝게도 하늘나라로 가게 되자 화천군에서는 과학 대중화와 현대천문학 발전을 위해 평생을 헌신한 조경철 박사의 뜻을 기리고자 천문대의 이름을

'조경철 천문대'로 정하고 2014년 10월에 개관을 하여 천문학과 과학문화의 대중화에 노력하고 있다.

조 박사는 해방 후 남쪽으로 내려와 휴전선 너머 북녘땅이 보이는 이곳 광덕산에 애정을 갖고 천문대의 설립과 건설 과정을 지켜보면서 이곳에서 연구와 저술 활동을 하였다. 관련 내용은 본 건물 1층에 마련되어 있는 '조경철 기념관'에서 그의 저서와 유품 등 200여 점의 전시품을 통하여 찾아볼 수 있었다. 1층의 다른 장소에서는 100여 개의 의자를 뒤로 눕혀서 천장을 쳐다보면 하늘의 북두칠성과 여러 별자리와 별 전체가 나타나도록 만든 곳도 있었는데 마치 하늘의 별 전체를 이곳에 옮겨 놓은 것 같은 느낌이 들었다.

또한 2층과 3층에서는 건물의 천장의 가운데 부분이 열리고 닫히도록 장치가 되어 있고 망원경을 통하여 관측하는 둥근 돔 전체가 돌아가도록 건물의 구조가 되어 있었는데 2층에는 천체투영실과 다양한 과학, 천문 강연을 진행하는 시청각 교육실과 천문 전시실이 있었고 3층에는 국내 최대구경 1m 망원경이 설치된 주관측실과 60센티 연구용 망원경이 설치된 관측연구실과 중형급 실습망원경 10대가 설치된 관측연구실이 있었다. 전국의 천문대는 경주의 첨성대를 비롯하여 40여 곳에 있다고 하였다.

본 천문대는 입장료는 무료이고 월요일은 휴관이며 오후 2시부터 밤 10시까지 관람할 수 있다. 그리고 그곳에서 100m 위쪽에는 기상청에서 관리하는 광덕산 기상레이더 관측소 건물도 자리하고 있었다.

　이곳을 관람한 후 3개 팀으로 나누어 1개 팀은 등산길을 따라 백운계곡 고개 위까지 걸어서 내려가고, 1개 팀은 버스가 올라온 길을 따라 걸어서 내려가고 몸이 불편한 자는 버스를 타고 내려갔다. 백운계곡 고개 위에서 모두들 만나 버스에 승차하여 꼬불꼬불한 그 길을 다시 내려가서 도착 예배 드린 교회 가까운 곳에 있는 '엄마손' 식당에서 삼겹살로 주린 배를 채웠다.

　호랑이는 죽으면 가죽을 남기고 사람은 죽으면 이름을 남긴다는 속담과 같이 조경철 박사는 짧은 삶을 살았지만 일평생을 나라와 사회를 위해 헌신적으로 봉사한 사람이라고 생각되었다.

김유정 문학촌

경춘선을 달려가다가 남춘천역 바로 전 역이 김유정역이다. 사람 이름을 철도역 이름으로 한 역은 전국에서 다른 곳에도 있는지 모르지만 대단히 유명한 사람이라고 생각된다.

한국현대문학의 대표작가인 김유정 씨는 1908년 2월 12일 춘천시 신동면 증리 실레마을에서 태어났다. 그는 연희전문학교(현재 연세대학교)를 중퇴한 후 귀향하여 '금병의숙'이라는 야학을 연 뒤 야학을 통한 농촌계몽 활동을 펼치는 한편 작가로서의 꿈을 키웠다. 이 기간 중 당시 한국 농촌의 실상과 농민들의 삶, 농민들의 생생한 생활언어를 파악하여 선생만의 독특한 언어 감각과 해학의 단편소설 중 10여 편은 바로 이곳 실레마을을 배경으로

하고 있으며, 이들 작품의 등장인물들도 대개 당시의 실존 인물들로 채워져 있다.

그는 1937년 3월 29일 가난과 병고 속에 29세의 짧은 생을 마감했다. 그의 공식 문단 등단은 1935년 조선일보에 「소낙비」 조선중앙일보에 「노다지」를 통해서이지만 1933년 「산골 나그네」 「총각과 맹꽁이」가 잡지에 발표된 것으로 보아 그의 작품 활동 기간은 4~5년에 걸친 것으로 보인다. 「봄 봄」「동백꽃」「소낙비」「만무방」「땡볕」「따라지」 등 농민들과 도회지 서민들의 애환이 서린 작품들로 우리 문단에 큰 자취를 남긴 그는 1999년 '3월의 문화 인물'로 선정되었다.

소설「봄 봄」에는 배참봉댁 마름인 봉필 영감이 등장한다. 그리고「봄 봄」과「동백꽃」이외의 작품에서도 마름과 소작인의 관계가 드러난다. 지주는 토지 소유자로 농지가 없는 소작농민에게 토지를 빌려주고, 심복이라 할 수 있는 마름을 시켜 소작농민을 감독하고, 소작료를 징수했다. 그런 과정에서 마름은 소작농민을 노예처럼 함부로 다루었고, 지주와는 별개로 수탈을 하기도 했다. 당시 지주는 수리조합비, 비료대 등의 각종 부담까지 소작농민에게 전가하여 80%의 소작료를 수탈하였다. 소작료 이외에 노력 봉사, 경조사비용 등 각종 명목을 소작농민에게 부담시켰다. 소작농민은 지주에게 신분적, 경제적으로 예속되어 노예나 다름없었다. 이에 따라 조선인 빈농 약 29만 9천 명이 토지를 상실하고 북간도로 이주하였다.

관념적, 피상적 농촌소설과 달리 김유정은 실감나는 농촌소설을 썼다. 그것은 체험과 관계가 깊다. 그는 서민적인 것을 좋아했다. 또 소박하면서도 황소고집이었다. 그것은 산골에서 직접 살며 농촌 분위기를 가까이 접했기 때문이다. 그런 의미에서 김유정 시대의 가난한 농촌을 아는 것은 매우 중요하다. 유난히 김유정의 작품에는 '아리랑'이 많이 등장한다. 그래서 그는 강원도 아리랑의 작가라고 한다.

그 당시 일본은 만주사변(1931년), 중일전쟁(1937년), 태평양 전쟁(1941년) 등으로 침략 전쟁을 확대시켜 한국을 더욱 강압적으로 농촌까지도 약탈하고 상품시장으로 만들었다. 작품에는 그 당시 농촌 모습과 실태를 글로써 잘 나타내기도 하였다.

그리하여 그의 문학사적 업적을 알리고 그 문학정신을 이어 펼치고자 김유정 기념사업회가 생가를 복원하고 전시관을 2002년 8월 6일 설립하여 문학관을 운영하고 있으며 김유정 추모제, 김유정 문학제, 김유정 문학 캠프, 실레마을 이야기 잔치 등 각종 문학 행사가 연중 개최되고 있다.

호랑이는 죽으면 가죽을 남기고 사람은 죽으면 이름을 남긴다는 속담과 같이 문학인 김유정은 29세의 짧은 삶을 살았지만, 일평생 나라와 사회를 위해 문학인으로서 헌신적으로 봉사한 사람이라고 생각된다.

오색약수터와 오죽헌

　지난 5월 21일은 장로교육원 5기 동문회(회장 이재명 장로)가 강릉지역으로 야외 나들이를 가는 날이다. 봄비가 3일 동안 매우 많이 내렸으나 출발일은 쾌청한 봄 날씨였다. 회원과 가족 40명이 강변역 앞에서 오전 8시에 버스로 출발하여 2시간 30분을 달려서 오색약수터에 도착하였다.

　거기서 약수길을 약 800m 걸어서 성국사 앞까지 산책하였는데 옛날에는 길이 협소하였는데 지금은 괴목과 타이어로 얽어서 만든 평탄한 길을 맑은 물과 깨끗한 공기를 마시면서 산책을 하며 아주 즐거운 시간을 보냈다. 이곳은 주전골 입구인데 옛날에 관찰사가 한계령을 넘다가 이곳을 지날 무렵 어디선가 쇠붙이

두들기는 소리가 들려 쇳소리 나는 곳을 찾아가 보니 동굴 속에서 10여 명이 위조 엽전을 만드는 것을 발견하고 관찰사는 대노하여 그 무리들과 동굴을 없애 버렸는데 위조 엽전을 만들 주(鑄)와 돈 전(錢) 자를 써서 주전골이라 전해졌다고 한다. 거기서 40분 달려서 주문진항 서울횟집에 도착하여 신선한 회로 주린 배를 채우고 버스에서 도착 예배를 드렸다. 거기서 경포대를 지나 15분 달려서 강릉 오죽헌(烏竹軒)으로 갔다.

　오죽헌(보물 제165호)은 조선 초기에 지어진 별당 건물이다. 주거 건축에서는 드물게 이익공식(二翼工式)을 취하고 있는 중요한 건물이다. 이곳 몽룡실에서 율곡 선생이 태어났다. 오죽헌(烏竹軒)

의 오죽(烏竹)은 검은 대나무를 의미하는데 사당인 문성사의 좌우편에 숲을 이루고 있다. 원래 조선 초기 강릉의 선비 최치운(崔致雲)이 지은 것으로 전한다. 그의 아들 최응현(崔應賢)에서 외손에게로 상속되어 오다가 1975년 정화 사업 때 강릉시로 이관되었다. 경내에 율곡 이이의 사당인 문성사와 율곡 기념관, 강릉 지역에서 출토된 선사유물과 옛 책, 그림, 도자기 등이 전시된 강릉 시립 박물관과 율곡 인성 교육관 등을 지으면서 현재의 모습을 갖추었다.

율곡 이이(李珥) 선생은 아홉 번 과거시험에 모두 장원급제한 한국의 천재이며 한국의 역사상 현인의 경지에 근접한 인물로 꼽히는데 우리 역사상 전무후무한 일이다. 또한 예언자적 능력도 뛰어나 임진왜란을 미리 예견하고 10만 양병설을 주장했으며 정치, 경제, 국방 등 모든 분야에 식견이 탁월한 정치가요, 사상가이며, 교육학자였고, 철학자였다.

이이는 어머니인 신사임당에게서 학문을 배워 13세에 진사 초시에 합격하고 29세에 식년 문과에 장원급제하여 벼슬길에 나아갔다. 호조좌랑에서 시작하여 황해도 관찰사, 대사헌을 거쳐 호조, 이조, 형조, 병조 판서 등을 지내며 국정운영에 참여하였다. 천도책(天道策), 성학집요(聖學輯要), 격몽요결(擊蒙要訣), 학교모범(學校模範) 등의 저술을 남겼다.

그의 가문은 또 유명한 신사임당(申師任堂)을 어머니로 둔 뿌리

깊은 천재 가문의 집안이었으며 한국판 제갈공명, 한국 정신사의 큰 산맥, 성리학의 대가 등 여러 가지 수식어가 따라다녔다. 그러나 그는 타고난 건강이 좋지 않아 49세의 나이로 세상을 마감했다.

오죽헌은 우리나라 가옥 가운데 가장 오래된 것 중 하나이다. 5만 원권과 5천 원권 도안 인물인 신사임당도 이곳에서 태어났다. 신사임당은 조선시대 예술가이다. 자수, 시문, 그림 등 여러 방면에 재능이 뛰어났는데 특히 그림을 잘 그려 생존 당시에 이미 이름이 널리 알려졌다. 초충도, 산수도, 묵포도도 등 다양한 소재를 다룬 그림, 간결하고 단정한 필치의 초서, 전서 등의 글씨, 사친(思親), 유대관령망친정(踰大關嶺望親庭) 등의 한시가 전해져 온다.

이곳을 방문하고 오후 4시에 출발하여 3시간을 달려서 서울 강변역에 도착하였다. 오늘 하루 동안 좋은 관광도 하고 버스 안에서 친교의 시간도 가지면서 즐겁고 기쁜 좋은 시간을 보내게 되어 매우 좋았다고 생각되었다.

한국기독교 역사박물관

지난 10월 17일은 장로문인회(회장 김의호 장로)가 이천지역으로 문학기행을 가는 날이다. 날씨는 하늘이 높고 쾌청한 가을 날씨였다. 회원 28명이 오전 9시 30분에 서울 잠실역에서 버스로 출발하여 1시간 30분을 달려서 한국기독교 박물관(이천시 대월면 태평로)에 도착하였다. 차창 밖을 바라보니 도로 옆에는 코스모스 꽃이 예쁘게 피어있고 산에는 울긋불긋한 단풍이 아름답게 물들어 있었으며, 들에는 벼농사가 끝마무리를 하고 있었다.

본 박물관은 한영제 장로가 한국교회의 신앙, 역사 및 문화와 관련된 10만여 점의 수집된 귀중한 자료들이 학계와 교계에 연구 자료로 사용될 수 있도록 1995년 '향산 기독교 역사 자료실'

을 설립하여 1997년 '향산 기독교 문화연구원'으로 체계화시켰으며, 2001년 11월 11일에는 일반인에게도 그 기회의 폭을 넓히기 위하여 이곳에 한국기독교 박물관을 설립하게 되었다. 관람 시간은 오전 10시부터 오후 5시까지이고 관람료는 무료이며, 매주 주일과 월요일은 휴관이다.

이 땅에 개신교 선교가 시작되던 1880~1890년대에는 동학혁명과 청일전쟁, 갑오개혁과 을미사변, 1896년 독립협회 운동 등의 시기로 우리 민족이 근대적 시민사회의 형성과 외세의 침략에 대항하여 민족의 자주와 독립을 지키기 위한 투쟁의 민족적 과제를 안고 있던 때였다. 3.1운동은 일제의 억압에 대항하여 평화적으로 투쟁했던 평화 시위였다. 독립선언서 대표자 33인 중에 16인이 기독교인이고 투옥자 9,458명 중 기독교인이 2,087명

으로 22%였으며, 3.1운동의 첫날, 전국 9개 지역 도시 중 서울을 제외한 8개 도시는 기독교인이 중심이 되었다.

본 박물관은 제1전시장은 상설전시관 1층과 3층을 통하여 소장된 10만여 점의 수집 자료들을 관람할 수 있으며, 제2전시장은 2007년 평양 대부흥 운동 100주년을 맞아 현 부지 내에 평양 장대현교회(1893년 마포삼열 선교사가 건축)를 1/5로 축소 복원하여 관람객들이 초대 'ㄱ'자 교회(남자석과 여자석이 분리)의 예배 체험 공간으로 신앙회복과 문화를 체험할 수 있도록 기회를 제공하고 있으며, 매년 1회 기획전시를 개최하고 있다.

본 건물에 소장하고 있는 자료는 조선 후기 천주교 박해 이후 개화기 일제시대 개신교 관련 참고 문헌, 영상, 인물, 사진, 지도, 신문, 잡지, 향토지, 통계자료 박물 자료(오르간, 언더우드 타자기)

등이 있었다. 그중에서 특히 눈에 와 닿는 것은 언더우드 타자기였다.

우리 일행은 제1전시장의 상설전시실 1층과 3층을 관람하고 가까운 곳에 있는 제2전시장 장대현교회에서 예배를 드렸다. 오성건 장로의 인도로 오동춘 장로가 기도하고 회장 김의호 장로가 목사님 가운을 입고 말씀을 증거하였다.

그리고 거기서 200m 이동하여 김재길 장로의 기독교 서각 전시장을 방문하였다. 비닐 온실장의 위를 천막천으로 덮은 길이가 90m 되는 작업장 안에는 성경 요절을 목판에 새긴 벽걸이 등이 통로 좌우로 가득히 차 있었다. 특히 눈에 돋보인 것은 로마서 전체의 내용의 글을 나무판에 모두 새긴 것이 한쪽 벽에 가득하게 진열되어 있었다. 거기서 이동하여 이천 쌀밥 진수성찬으로 주린 배를 채웠다. 그리고 식당 옆에 있는 도자기 전시장을 관람하고 귀경길에 버스 안에서 이정균 장로의 사회로 시 낭송회를 가졌다.

오늘의 행사는 지금까지 보지 못했던 한국기독교 역사박물관을 방문하게 되어 매우 기쁘고 감사하게 생각되었고 김재길 장로가 개인이 소장하고 있는 기독교 서각 전시장을 관람하면서 크게 감동을 받았으며, 시 낭송회를 통하여도 회원들 상호 간의 친목도 잘되었다고 생각되었다. 행사를 위해 준비하신 회장님과 임원들에게 감사하는 마음을 담아 드린다.

을지전망대와 제4땅굴

　지난 10월 25일은 수필문학추천작가회에서 1박 2일간 양구에서 연차대회를 하는 날이다. 오전 9시에 회원 30명이 압구정역을 출발하여 1시간 30분을 달려서 양구에 도착하였다. 춘천지역 회원 6명과 같이 백자박물관을 관람하고 오후에는 생태공원 두타연을 견학하였는데 새빨간 단풍잎이 곱게 물들어 있었고 맑고 깨끗한 물이 흐르고 있어 매우 기분이 상쾌하고 좋았다. 그리고 6.25전쟁 당시 사용한 지뢰전시와 폭발음 체험장도 있었다. 그리고 4시부터는 세미나를 진지하게 개최하였다. 다음 날은 펀치볼과 을지전망대 그리고 제4땅굴을 관람하였다.
　을지전망대는 남방한계선에서 가장 가까운 전망대로 군사분계

선 남쪽 1km 지점에 있어서 북쪽으로 북한 초소와 논밭이 잘 보였다. 본 전망대는 강원도 양구군 해안면 현리 가칠봉(1,049m) 산등성이에 있다. 1988년에 건립되었는데 총면적 324㎡ 높이 2층이다. 지금까지 내가 관람한 전망대는 경기 파주시 탄현면 성동리 오두산 통일전망대(지상 5층 지하 1층)와 강화평화전망대(지상 4층 지하 1층) 그리고 강원도 고성군 현내면에 있는 고성통일전망대(2층)이다.

그리고 제4땅굴은 1990년 3월 3일 강원도 양구 동북쪽 26km 지점에서 발견하였다. 굴 입구에는 기념탑과 충견기념비가 세워져 있었는데 이 땅굴 안을 탐사하기 위해 개를 사용하였는데 북

한군이 철수하면서 설치한 폭발물을 개가 밟아서 사망하였다고 한다. 군견 한 마리가 여러 사람의 생명을 구한 것을 생각하여 굴 입구에 기념비를 세웠고 육군 소위로 추서하였다.

　백두산 부대는 1992년 2월까지 안보기념관과 기념탑을 세우고 갱도 및 갱내에 시설을 설치하였다. 땅굴 광장에 있는 안보교육관에서는 280여 명을 동시에 수용할 수 있는 영화관과 전시관을 통하여 1950년 6월 25일 새벽 4시 북한이 남침한 6.25전쟁 초기부터 계속 남침하여 부산과 대구만 남았을 때에 1950년 7월 7일 유엔군사령부를 창설하여 맥아더를 유엔군 사령관에 임명하고 유엔군 총 16개국의 전투부대와 5개국의 의료지원부대가 참전하여 1953년 7월 27일 휴전협정이 이루어지기까지의 전쟁 내용이 상세하게 기록되어 있었다.

땅굴은 너비 1.7m 높이 1.7m 지하 145m 깊이에 길이는 약 2km에 달하는 암석층 굴진 구조물로 군사분계선에서 무려 1,028m 남쪽에서 발견되었다. 굴 입구에서 걸어서 150m 들어가서 전동차(20명 탑승)를 타고 북한군이 뚫고 들어온 곳을 200m 전진하여 들어갔다가 다시 후진하여 원위치까지 되돌아오도록 설치되어 있었다. 제4땅굴은 산악지역에는 남침용 땅굴이 만들어지지 않았을 것이라는 일반적인 예상을 깨고 북한이 전 전선에 걸쳐 남침용 땅굴을 굴착하였음을 입증해 주고 있다. 여기서 제1땅굴부터 제3땅굴까지를 알아보기로 한다.

제1땅굴은 1974년 11월 15일 경기도 연천군 고랑포 북동쪽 8km 지점인 군사분계선 남방 약 1.2km 지점에서 발견되었다. 너비 0.9m 높이 1.2m 깊이 지하 45m 길이 약 1.5km에 달하는 콘크리트 구조물이다. 전술 능력은 1시간에 1개 연대의 무장병력이 통과할 수 있고 궤도차를 이용하면 중화기와 포신도 운반할 수 있다. 제2땅굴은 1975년 3월 24일 강원도 철원 북쪽 13km 지점인 군사분계선 남방 900m 지점에서 발견되었다. 너비 2.1m 높이 2m 깊이 지하 50-160m 길이 약 3.5km에 달하는 암석층 굴진 아치형 구조다. 전술 능력은 1시간에 약 3만 명의 병력과 야포 등 중화기가 통과할 수 있다.

제3땅굴은 1978년 10월 17일 판문점 남쪽 4km 지점인 군사분계선 남방 435m 지점에서 발견되었다. 너비 1.95m 높이 2.1m 깊이 지하 73m 길이 약 1.6km에 달하는 암석층 굴진 아치형 구조다. 전술 능력은 1시간에 3만 명의 병력과 야포 등 중화기를 통과시킬 수 있다.

금번 양구지역 여러 곳을 방문하면서 세미나도 잘하고 국가안보교육도 잘 되었다고 생각된다.

한국기독교순교자기념관

오늘(10월 20일)은 한국장로문인회(회장: 박철현 장로)가 한국기독교 순교자기념관에 가는 날이다. 날씨는 구름 한 점 없는 화창한 가을 날씨이다. 회원 15명이 오전 10시 잠실역을 출발하여 경부고속도로와 영동고속도로를 경유 1시간 30분을 달려서 한국기독교순교자기념관(경기도 용인시 처인구 양지면 추계로)에 도착하였다. 기념관 진입로 주변에는 순교자별 기념석이 있었고 기념관 주위로 묵상과 산행을 위한 순교자의 언덕길과 야외예배 장소도 2곳 있었다.

본 기념관은 1984년 익명의 성도가 기증한 양지면의 10만 평의 부지에 한국기독교100주년기념재단(한경직 목사님이 중심이 되어

20개 교단과 26개 기독교 기관이 연합하여 설립한 재단법인)이 한국기독교 순교자기념관을 건축하기로 결의하여 1989년 11월 18일 완공하여 개관하게 되었다. 건평은 360평의 규모의 직사각형 3층 건물로서 자연채광이 되는 중앙 홀을 따라 나선형 계단이 2층과 3층으로 이어져 있다. 우리 일행은 2층 예배실에서 한국기독교순교자기념관에 대한 홍보영상물을 10분간 시청한 후 3층에 순교자 전시실에서 토마스 선교사의 순교 이후 이 땅에서 복음을 전하고 지키기 위해 순교한 250명의 순교자의 존영과 유물들을 1시간 동안 관람하였다. 그리고 야외 예배실에서 우리 일행은 시와 수필 작품 낭송 시간을 가졌다.

한국 기독교는 선교 초기와 일제 강점기, 광복 이후 남북 분단과 한국전쟁의 아픈 역사를 거치면서 많은 순교자를 남겼다. 그중에서 15명을 적어본다.

선교 초기의 순교자인 토마스 선교사(영국)는 1866년 미국 상선 제너럴 셔면호를 타고 내한하였으나 9월 3일 대동강변에서 순교하였고 한국인 최초의 세례교인 백홍준 장로(평북 의주)는 한국인 최초의 장로가 되어 사교를 전한다는 죄로 투옥 중 1893년 순교하였다.

일제 강점기 신사참배 거부로 인한 순교자 중 박관중 장로(평북영변)는 일본 국회에 종교법 반대하는 진정서 투척 죄로 투옥 중 1945년 3월 13일 순교하였으며, 양용근 목사(전남 광양)는 구례읍 교회에서 항일운동을 주도했고 신사참배 반대운동 죄로 투옥 중 1943년 12월 5일에 순교하였고 한국 기독교 최초의 목사인 이기풍 목사(평남 평양)는 제주도에서 선교사로 복음을 전파하였고 신사참배 반대운동 죄로 투옥 중 1942년 6월 20일 순교했다. 그리고 주기철 목사(경남 창원)는 부산과 마산에서 목회 중 신사참배 반대를 주도했고 평양 산정현 교회에서도 신사참배 반대운동 죄로 투옥 중 1944년 4월 21일 순교하였다.

북한 공산권의 박해로 인한 순교자 중 김관주 목사(평남 안주)는 신사참배 반대운동 죄로 2년간 투옥되었고 해방 후에도 북한에서 교회를 지키다가 한국전쟁 직전에 순교했고 김화식 목사(평남

숙천)는 장대현 교회에서 시무하면서 신사참배 거부운동에 앞장을 섰고 해방 후에는 기독교자유당 창당을 주도하다가 즉결처형되어 순교했다.

한국전쟁으로 인한 순교자 중 김유연 목사(황해도 옹진)는 일제강점기에는 목회 중 일제로부터 탄압받아 6개월간 투옥되었고 한국전쟁 당시 교회를 지키다가 퇴각하던 북한군에게 피랍되어 순교했으며, 남궁혁 목사(서울)는 1925년부터 평양신학교 교수로 헌신하였고 해방 후에는 교회 연합을 위해 헌신하다가 한국전쟁 중에 북한군에게 피랍되어 순교했다. 그리고 문준경 전도사(전남 신안)는 18년 동안 도서지역을 다니며 100여 곳에 교회를 세웠고 1950년 퇴각하던 북한군에 의해 해남에서 순교했으며, 손양원 목사(경남 함안)는 여수 한센병 환자 마을의 애양원 교회에서 평생을 시무하며 신사참배 반대운동 죄로 5년간 투옥되었고 한국전쟁 때에 아들을 죽인 범인을 양자로 삼았으며, 북한군에게 총살을 당해 순교했다.

또한 송창근 목사(함북 경흥)는 일제 강점기 동안 평양과 부산에서 목회했으며, 해방 후 조선신학교 교장을 역임했고 한국전쟁 때 북한군에게 피랍되었다. 그리고 신석구 목사(충북 청주)는 33인 민족대표로 3.1운동에 참여하여 옥고를 치렀고 해방 후에는 공산정권에 저항하다가 체포, 구금되었다가 한국전쟁 중에 1950년 10월 10일 총살을 당해 순교했으며, 염산교회 순교자 77명과 김방호 목사(경북 경산)는 1950년 9월 북으로 퇴각하던 공산군에게 살해당해 바다에 수장되는 참변을 당했다.

이처럼 한국 기독교의 역사는 순교로 시작되었으며, 한국 기독교의 역사는 130여 년으로 길지 않지만 주님을 위해, 교회와 신앙을 지키기 위해, 목숨을 버린 순교자는 약 2,600여 분에 이르는 것으로 추산되고 있다.

특히 일제 강점기에는 주기철 목사를 비롯한 많은 그리스도인이 일본 제국주의자들에 의해 강요된 신사참배를 거부하며 순교하였고, 해방 이후에는 사랑의 원자탄으로 칭송받는 손양원 목사와 염산교회 성도들을 비롯해 이전보다 더 많은 그리스도인이 공산주의자들의 탄압으로 순교했다.

한국 기독교는 순교자들의 피와 생명을 바탕으로 오늘의 부흥을 이루었다는 것을 오늘 한국기독교순교자기념관을 통하여 크게 감명을 받았다. 그리고 순교자의 피는 교회의 씨앗이 되었고 '순교신앙'은 한국교회의 생명력을 지키게 해주고, 한국교회를 더욱 성숙하게 만들어 주는 자양분이 되고 후손들이 지켜야 하는 값진 신앙의 유산이라고 생각되었다.

곤지암 화담숲

지난 10월 9일은 오류동교회 호산나찬양대가 곤지암 화담숲(경기 광주시 도척면 도웅리산 33)으로 야외 소풍을 가는 날이다. 오늘은 아침과 저녁이 시원한 청명한 초가을 날씨였다. 대원 22명이 교회 중형 버스로 오전 8시 40분에 출발하여 서울외곽순환도로를 경유하여 1시간 20분 달려서 곤지암 화담숲 주차장에 도착하였다.

거기서 순환버스를 갈아타고 매표소 광장 앞까지 갔는데 오늘은 공휴일이라 관람객이 많았다. 화담(和談)은 '정답게 이야기를 나눈다'는 뜻이며 '화담숲'은 LG그룹 3대 구본무 회장의 아호를 따서 이름 붙여졌다고 하며, 발이봉 산기슭에 4,300여 종의 식

물을 더해 자연생태계 그대로의 숲으로 복원하였다고 한다.

화담숲 산책코스는 수입 방부목재로 나무숲 사이로 만든 경사도가 아주 얕은 완만한 데크길인데 좌우로 굽이 길을 여러 번 걸어서 발이봉 정상까지 올라가면서 산책을 하고 다른 길로 내려오는 길도 아주 경사가 얕은 데크길을 좌우로 여러 번 굽이길을 걸어서 내려오는데 모두 2시간 이상 산책을 하는 코스가 있으며, 걸어가기가 힘든 사람은 모노레일을 타고 제1승강장에서 제2승강장까지 1.9km(소요시간 약 40분) 숲 산책코스와 제2승강장에서 원앙연못까지 3.4km(소요시간 60분) 숲 테마원코스가 있다. 그리고 산림습지를 산책하는 숲 트레킹코스는 모노레일 2승강장에서 소나무 정원까지 약 2km(소요시간 약 50분)를 걸어가는 산책 코스인데 일정 기간에만 개방하고 있다.

우리 일행은 '천년 화담송' 앞에서 단체 사진을 촬영한 후 각자 자유롭게 걸어서 산책하면서 관람하고 오후 1시까지 매표소 앞 광장에서 만나기로 약속하였다. 처음으로 생태관에서 우리나라에서만 서식하는 한국 고유어종 총 63종(장어과, 잉어과, 미꾸라지과 등)과 수초수조 갤러리(대자연의 아름다움을 수조 속에 재현, 재창조함)를 관람하고 숲 산책길인 이끼원을 지나서 철쭉, 진달래길을 산책하고 이어서 자작나무 숲을 걸어가면서 자연 속에서 정답게 이야기 나누었다.

깨끗하고 화려하게 정성들여 가꾼 아름다운 자연을 감상하고 배우며 자연이 주는 에너지를 마음껏 호흡하면서 고향길을 걷듯이 친구와 같이 유유자적 걷다 보니 몸과 마음이 치유되는 느낌을 갖게 되었다. 이어서 산 중턱 위에 있는 분재 온실 제1관과 제2관을 관람하였는데 분재관 안에는 우리나라 유명산 봉우리들 모형을 따서 암석으로 만들어 놓은 것이 보기에 좋았다. 거기서 다시 소나무 정원길로 갔는데 그곳의 길은 보도 몰탈로 만든 길인데 이곳은 내려가는 일방통행 하는 길이었다. 소나무 정원길을 걸어 내려오면서 소나무에서 나오는 신선한 좋은 공기를 마음껏 호흡하면서 몸과 마음이 치유되는 느낌을 직접 느끼게 되었다.

그리고 암석, 하경 정원을 관람하고 또한 야외 분재원을 관람하고 거기서 계속 아래로 내려와서 전통 담장길을 산책하고 물레방아가 있는 수련 연못을 지나 장미원과 수국원을 관람하였다. 그리고 반딧불 이원과 추억의 정원길을 지나 원앙연못을 거쳐서 '천년 화담송' 앞에 도착하니 오후 1시가 되었다. 매표소 앞 광장에서 우리 일행을 모두 만나서 주차장 가는 순환버스를 타고 가서 우리는 버스에 모두 승차하여 한식당으로 이동하여 맛있는 한식 비빔밥으로 주린 배를 채웠다. 거기서 오후 3시에 출발하여 오후 4시 30분 오류동교회에 도착하였다.

오늘 관람한 곤지암 화담숲은 지금까지 내가 관람한 수목원들과 달랐다. 특이하게 산 전체를 아기자기하게 그리고 깨끗하고 화려하게 온갖 정성을 기울여서 기획하고 가꾸고 조성하고 모노레일도 시설한 데 대하여 감탄하였으며, 앞으로도 많은 관람객이 계속해서 찾아오게 될 것이라고 생각되었다.

오늘은 14,500보를 걸었다. 숲속에서 피톤치드 냄새를 맡으며 많이 걸으면 육신의 건강에도 큰 도움이 된다고 생각된다.

감악산 출렁다리

감악산으로 등산을 가는 날이다. 금년 겨울 중 가장 추운 날씨로 영하 11도이다. 등산 신청은 했지만 날씨가 너무 추워서 망설이다 약속을 지키기 위하여 출발지인 동대문역사문화공원역에 도착하고 보니 오늘 등산 약속한 회원 중 추워서 20명이 불참하였다고 하였다. 60명이 버스 2대로 자유로를 경유하여 2시간 달려서 파주시 적성면 가월리에 소재한 가월교회(정의정 목사)에 도착하여 도착예배를 드렸다.

감악산은 경기도 파주와 강원도 원주 및 경상남도 거창에도 같은 이름의 감악산이 있다. 이 산들은 모두 등산객들의 사랑을 받는 명산이다. 가월교회에서 약 40분 달려서 감악산 출렁다리

　주차장에 도착하였다. 이곳의 감악산(675m)은 경기 파주시 적성면, 양주시 남면과 연천군 전곡읍의 경계를 이루고 있고 예로부터 경기 5악의 하나로서 폭포, 계곡, 암벽 등을 고루 갖추고 있는 유명세를 타는 곳이다. 임진강, 개성 송악산 등의 조망이 좋은 점과 산정 수량이 풍부한 운계폭포가 있고, 정상에는 글자가 모두 마멸되어 판독이 불가능한 비뜰대왕비(파주군 향토유적 제8호)가 있다. 또 '설인귀(薛人貴)'설과 '진흥왕 순수비'설이 나뉘어 속전되고 있다. 또한 임꺽정이 관군의 추격을 피하기 위해 숨어 지냈다는 장군봉 아래 임꺽정 굴이 있다.

　국내에서 가장 긴 256m 출렁다리(폭 2m, 높이 5m)는 2018년 8

월에 개통되는 김천시 부항면 유촌리 부항댐 출렁다리이고 두 번째로 긴 출렁다리는 충남 청양군의 천장호 출렁다리(길이 207m) 이다. 전국에서 3번째로 긴 '감악산 출렁다리'(등선교 150m)는 2016 년 10월 22일 개통한 뒤 인기 절정으로 관광객이 크게 늘었다 고 하는데 개통 후 지금까지 감악산을 찾은 관광객은 약 30만 명을 돌파했다고 한다.

그리고 감악산은 6.25전쟁 당시 영국군 제29여단 글로스터 대대 55명이 중공군에게 포위당하여 모두 전사했다. 인근 파주군 적성면 설마리 공원에 영국군 참전 추모비가 있다. 이 지역은 사방이 악산이라 도로 이외는 빠져나갈 수 없는 취약한 지역이라 이렇게 많은 희생자가 발생되었다고 느껴진다. 우리나라를 지키기 위해서 파병되었다가 타국에서 고귀한 생명을 희생당한 그 은혜를 우리는 잊을 수가 없다.

이 전쟁에서 유엔군의 사망자 40,670명, 부상자 104,280명, 실종, 포로 9,931명이고, 한국군 사망자 137,899명, 부상자 450,742명, 실종, 포로 32,838명이며, 민간인 사망자 373,599명, 부상자 229,625명, 실종, 포로 387,744명이다. 우리는 UN군의 도움과 그 은혜를 영원히 잊지 말아야 한다.

날씨가 추워서 버스에서 모두 등산 준비를 하고 출렁다리를 향해 올라가는데 악산이라 경사가 심했다. 올라가는 길을 나무 계단으로 설치하여 옛날보다 안전하게 산을 오를 수 있도록 등

산길이 잘 정비되어 있었다. 주차장에서 약 300m 올라가니 출렁다리가 있었다. 튼튼하게 잘 만들어져서 흔들림이 약간 느껴질 정도였다. 거기서 500m 오르막길을 따라 올라가니 법륜사가 있고, 옆길을 통하여 계곡을 300m 올라가니 절벽에 전망대가 있었다. 전망대에서 바라보니 멀리 양주시 남면 일부가 보인다.

날씨가 춥다고 출발 전에 망설였던 마음이 깨끗이 사라진다. 오늘 등산에 참석하지 않았더라면 이 좋은 경치를 어찌 감상할 수 있었겠는가, 내 건강이 허락하는 날까지 산행을 해야겠다는 다짐을 해본다.

한국근대문학관

지난 6월 12일은 한국장로문인회(회장:김의호 장로)가 인천시 중구에 소재하는 한국근대문학관(중구 신포로15번길 76)에 가는 날이다. 맑고 쾌청한 초여름 날씨였다. 회원 21명이 강변역에서 오전 9시에 출발하여 1시간 30분을 달려서 도착하였다. 본 문학관은 인천광역시와 인천문화재단이 힘을 합해 인천의 옛 도심인 개항장 창고 건물을 리모델링하여 2013년 9월에 개관하였다. 기획 전시실은 1892년에 건축되었고 상설전시실 2개 동은 1941년에 건축되었다.

    인천문화재단이 인천광역시의 지원을 받아 직영하는 공공 문화시설이다. 관람 시간은 오전 10시부터 오후 6시까지이고 관람

료는 무료이며 월요일은 휴관이다. 한국 근대 문학의 역사를 한눈에 볼 수 있는 상설전시실(1, 2층)과 기획전시실 및 수장고와 사무실로 구성되어 있었다.

상설전시실은 근대계몽기(1894-1910)에서 해방기(1945-1948)까지 한국 근대문학의 형성과 역사적 흐름을 한눈에 볼 수 있도록 잡지 형태로 구성되어 있었다. 1층에서는 아래와 같은 내용을 볼 수 있다.

1. 근대계몽기(1894-1910)는 왕조의 몰락과 근대국가의 열망 속에서 문명개화와 자주독립의 열망을 노래하고 신소설과 역사 전기물로 이야기의 새장을 열었다.

2. 근대문학의 출발기(1910-1919)는 식민지 근대의 확장과 무단통치의 강화 속에서 근대문학이 출발하였다. 자유로운 리듬으로 개인의 정서를 노래하고 자아 각성과 근대문명을 외쳤으나 식민지 현실과 유리되는 느낌이었다.

3. 근대문학의 토대기(1919-1925)는 근대문학의 본격적 성장을 위한 토대를 현실에서 발견하여 청년 시인들이 감상적 비애와 좌절을 토로하고 김소월과 한용운은 전통정서를 계승하고 사랑의 윤리를 호소하였다. 그리고 식민지 현실에 눈을 뜨고 근대소설의 기틀을 마련하였다.

4. 식민지의 수난기(1925-1935)는 근대문학의 리얼리즘과 모더니즘으로 식민지 현실에 맞섰다. 카프의 시와 소설은 '식민지' '자본주의를 넘어서' 등으로 농민의 애환과 농촌의 현실에 주목하였으며, 모더니즘 소설과 시는 '식민지 근대의 부조리를 문제 삼다'였다. 그리고 근대문학 본격 장편소설(염상섭, 이기영, 강경애, 한설야, 채만식) 시대를 열게 되었다.

5. 식민지의 반항기(1935-1945)는 일제 파시즘에 맞서 시대를 고뇌하면서 파시즘 아래에서 피어난 소설의 향연과 생명을 추구하며 조선적인 것을 재발견하였다.

6. 해방기(1945-1948)는 해방의 감격을 노래하며 새로운 민족문학으로 부활하게 되었고 해방기의 시와 소설을 많이 쓰게 되었다.

그리고 2층에서는 인천의 근대문학을 읽을 수 있는데 인천이

배출한 근대문인과 인천 문학지도와 근대문학에 나타난 인천 및 분단 이후 현대문학 속의 인천에 대하여 잘 알 수 있게 되어 있었다. 또한 대중문학에서 일상의 숨은 욕망을 들추어내는 내용 '연애와 사랑 이야기의 기원'과 '탐정과 함께 떠나는 모험의 세계' 등도 있었다.

이곳을 관람 후 맛있는 메기탕으로 주린 배를 채우고 인천환경공단 '생태공원'을 거쳐서 아라타워(23층)에 올라 서해바다와 아라뱃길을 바라보니 전망이 아주 좋아 기분이 상쾌하였다. 그리고 국립생물자원관(인천환경공단 청라사업소)을 관람하고 귀갓길에 올랐다. 오늘 하루 너무나 좋은 시간을 갖게 되어 매우 기쁘고 즐거운 하루를 보내게 되어 회장님 이하 모든 임원에게 감사를 드린다.

예비사관 후보생 격려 음악회

사단법인 솔리데오(이사장 박행본) 장로합창단(단장 박남필, 지휘 석성환) 110명이 2024년 동계 입영훈련 예비사관 후보생 격려 음악회 찬양을 위해 2024년 1월 18일 오전 9시 30분 버스 3대로 영락교회를 출발하여 2시간 달려서 11시 30분에 육군학생 군사학교(문무대)에 도착하였다.

오늘 음악회는 대한민국ROTC중앙회가 주최하고 대한민국ROTC기독장교연합회와 백선엽장군기념사업회가 주관하는 음악회로 (사)백선엽장군기념재단, (사)대한민국예비역장교연합회, 대한민국ROTC중앙회, 한미우호협회, 한미동맹재단, (사)국가원로회의, 육사총동창회, 나라사랑기도회, 극동방송, CTS기독교TV,

국민일보, (사)나눔과 기쁨, 더조은신문, 환희통신, (사)양평문화재단, (주)삼익악기, (사)솔리데오, 도서출판 한생명, 자유정의TV가 후원하는 음악회로 오후 2시에 개최되었는데 육군학생 군사학교 대강당 1층과 2층에 동계 입영훈련 예비사관 후보생 2,700명이 참관하였다.

 육군군사학교장 김동호 소장은 "오늘 참여하신 여러분 모두를 진심으로 환영하며, 6.25전쟁에서 조국 대한민국을 지켜내신 우리의 영웅 백선엽 장군을 기념하고 또 우리의 자랑스런 ROTC 후보생들을 격려하기 위해서 갖는 이 음악회를 열게 되어 감사드린다"고 하였다.

오늘 음악회는 김수민 아나운서의 사회로 진행되었는데 먼저 영상으로 권영해 국방장관과 김영덕 ROTC 소장의 격려사가 있었다. 그리고 금관5중주 팡파레가 있은 후 다 같이 애국가 1절, 4절을 제창하였다.

제1 주제 영웅(다부동 전투에서 나라를 구한 영웅), 비목(바리톤 이승환) 영웅(바리톤 이승환과 솔리데오 남성찬양단 42명) You raise me up(솔리데오 남성찬양단, 지휘 석성환, 반주 이주봉).

제2 주제 동맹(한미상호방위조약 태동을 견인한 주인공), America The Beautiful & 오 대한민국 내 조국(아가페 앙상블 지휘 석성환, 반주 최은순) The Lord's prayer(아가페 앙상블) 삶이 그대를 속일지라도(아가페 앙상블, 바이올린 정희정).

제3 주제, 선각자(대한민국 부흥을 이끈 선각자), Blessed Assurance, Jesus Joy of man's desiring(솔리데오 콰이어차임, 지휘 김유경, 오보에 강신우) Marvel's the Avengers(금관5중주) 바다야, 가리워진 길(싱어게인 김소연).

제4 주제 선봉장(대한민국 ROTC제도를 도입한 강군 육성의 선봉장), 위풍당당 행진곡, 군가메들리, 조국찬가, I Love You Lord(ROTC 찬양단 27명) ROTC 찬가(다같이).

제5 주제 믿음(선한리더십과 믿음의 사람), Nella Fantasia(솔리데오장로합창단 110명, 지휘 석성환, 반주 최은순, 오보에 강신우) 강하고 담대하라(솔리데오장로합창단, 협연 금관5중주) 아리랑(솔리데오장로합창단, 장고 박은숙) 피날레 하늘의 별이되어(솔리데오장로합창단, ROTC찬양단, 아가페앙상블).

　마지막으로 회중과 함께 피날레 곡으로 「희망의 나라」를 일어서서 함께 불렀는데 모든 순서마다 대강당이 떠나가도록 청중들의 우레와 같은 박수갈채를 받으면서 2시간 동안 진행하여 출연자나 청중이 많은 의미를 갖고 큰 감동을 받는 음악회였다.

메시아 연주회

매년 대강절이 되면 메시아 연주회가 새롭게 기다려진다. 금년도에는 제48회 메시아 연주회가 2015년 12월 1일 오후 7시 30분 세종문화회관 대극장에서 메시아 연주회가 주최되었다.

광성교회(남광현 목사, 준비위원장: 조용현 장로)가 주관하고 사단법인 솔리데오 장로합창단(이사장: 정성길, 단장:윤남훈, 지휘: 석성환)이 기획한 교회연합찬양대(150교회, 515명)와 프라임 필하모닉 오케스트라 관현악단(54명) 및 한소리합창단(80명)이 연합하여 총지휘 석성환 장로(소프라노: 한명성, 알토: 김소영, 테너: 목진학, 베이스: 조상현)로 모두 출연자 650명이 약 2,500명의 청중과 함께했다. 광성교회 남광현 목사의 기도로 시작하여 2시간 동안 웅장하고 거대하게 모든 순서를 진행하며 하나님께 영광을 올려 드렸다.

메시아 연주회는 1964년 12월 15일 제1회 영락교회의 주관으로 시민회관(현, 세종문화회관)에서 개최한 이후 매년 대강절 기간에 예수님의 탄생으로부터 십자가의 죽음 그리고 부활에 이르는 구원의 드라마를 찬양(헨델의 메시아곡, 오라토리오)으로 엮어 부르는 행사이다. 그동안 매년 주관하는 교회를 교체하면서 지금까지 개최하였는데 영락교회가 7회나 주관하였다.

금년에도 10월부터 2개월간 매주 2회(화, 토요일) 영락교회 교육관 3층에서 2시간 이상 16회에 걸쳐서 찬양 연습시간을 가졌다. 광성교회에서 매일 김밥 또는 핫도그를 제공하여 연습하는 데 큰 도움을 주었다.

메시아 연주회 이사장 박원규 장로는 인사말을 통하여 우리의 영혼과 생명의 양식이 되는 복음서와 이사야 그리고 시편을 바탕으로 그리스도의 탄생과 삶, 수난과 속죄, 부활과 영생을 담은 웅장하고 위대한 작품인 이 곡은 하나님께서 헨델을 통해서 우리 인류에게 주신 가장 위대한 선물 중의 하나라고 하였다.

헨델은 그의 나이 56세 되는 해(1741년) 만인에게 불리는 이 곡을 24일 동안(1741. 8. 22~9. 14)에 걸쳐서 작곡했는데 스스로의 감동 감화로 아직도 그의 원고지에 쓰면서 흘린 눈물 자국이 선명히 남아 있다고 한다.

1부에서는 예언과 탄생(주의 영광, 깨끗케 하리라, 우리를 위해 나셨다.

500명이 노래하는
제48회 메시아 연주회
HANDEL'S ORATORIO MESSIAH

일 시 2015년 12월 1일 (화) 오후 7시 30분
장 소 세종문화회관 대극장

지휘 석성환

소프라노 한명성   알토 김소영   테너 목진학   베이스 조상현

합 창 교회연합찬양대   관현악 프라임 필하모닉 오케스트라
주 최 메시아연주회   주 관 광성교회

기획 사단법인 솔리데오   후원 국민일보 CBS 기독교방송 C3S 기독교TV febc 극동방송 기독공보

주께 영광, 그 멍에는 쉽고 그 짐은 가벼워) '내 백성을 위로하라, 우리는 하나님이 함께하는 하나님의 백성임을, 누가 주님의 오심을 막을 수 있는가? 지극히 높은 곳에서는 하나님께 영광이요, 땅에서는 기뻐하심을 입은 사람들 중에 평화로다!'

2부에서는 수난과 속죄 '하나님의 어린 양을 보라 주는 멸시를 당하셨네 우리의 죄와 허물을 인하여 찔리고 상하셨네 우리는 양같이 헤매이며 다녔네 머리를 들어라 영원한 문들아! 영광의 왕 들어오신다. 하늘에 계신 주님이 저들을 깨뜨리시리라 할렐루야!'

3부에서는 부활과 영생 '주가 살아 계심을 나는 안다, 사람(아담)을 인하여 죽음이 왔으나 모든 사람이 살리라 감사드리세 주 예수를 통해 우리에게 승리를 주신 하나님께 감사를 드리세 십자가의 보혈로 우리를 구하셨네 영광과 존귀, 부요와 지혜, 힘과 찬송, 영원히 영원히 아멘 아멘'

세상이 교회를 외면하고 걱정하는 이 시대에 우리는 이 구원의 드라마를 더욱 열심히 외쳐야 한다고 생각한다. 어려운 시기를 맞은 한국교회는 하나님께 드리는 진정한 회개와 감사가 이루어지고 위대한 찬양이 살아날 때 한국교회의 영성이 다시 한 번 살아나는 부흥의 역사가 일어날 것이라 소망한다.

이 땅에 생명의 빛을

발행일 2024년 2월 25일

지은이 류춘영

발행인 강병욱
발행처 도서출판 교음사

03147 서울 종로구 삼일대로 457 수운회관 1308호
Tel (02) 737-7081, 739-7879(Fax)
e-mail : gyoeum@daum.net
등록 / 제2007-000052호

* 잘못된 책은 바꿔 드립니다. 값 15,000원

ISBN 978-89-7814-973-0(03230)